공부 기본기

초등 수학 연산력

덧셈과 뺄셈 1

남호영 지음 | 양민희 그림

북아이콘

이 책의 특징

1. 공부는 무엇보다 기본기가 우선입니다.

운동선수에게 기초 체력이 중요하듯이, 공부하는 학생에게는 공부의 기본기가 무엇보다 중요합니다. 기초가 잘 닦여 있어야 응용도 가능하고, 실전력도 생기기 때문입니다. 이에 반해 기본기가 탄탄하지 못하면, 상황 변화에 따른 대응력이 떨어져 쉽게 흔들리게 됩니다. 국어, 수학, 영어 등 모든 과목 학습에 있어 튼튼한 기본기가 뒷받침되어야 하는 것입니다. 이러한 공부의 기본기를 갖추는 데는 시간이 걸리지만 궁극적으로는 훨씬 빨리 도달하는 지름길이며, 꼭 통과해야 하는 외나무다리인 것입니다.

2. 연산력은 초등 학습의 기초 중의 기초입니다.

초등 수학을 하는데 있어서 가장 중요한 기본기의 하나가 연산력입니다. 수학은 논리적이고 체계적인 단계로 구성된 과목으로 무엇보다 기초가 중요합니다. 학문 자체가 인과관계 및 상관관계를 이해하고 점진적으로 실력을 쌓아 갈수록 흥미를 유발할 수 있는 특징을 내포하고 있어, 수학을 처음 접하게 되는 시점부터 올바른 정의와 개념을 정립하는 것이 중요합니다. 특히 수학은 논리적 사고력, 창의력, 추론능력 등을 향상시키는데 절대적인 과목으로, 수학의 기본기는 개념이해력, 연산력, 문제해결력, 사고력 등이라 할 수 있습니다. 따라서 수 체계가 정립되고, 개념이 확실히 서 있지 않으면 간단한 개념을 응용한 문제조차 어려움을 느끼고 다음 단계로 나아가기가 힘듭니다.

3. 수학은 재미있게 익혀 흥미를 유지하는 것이 관건입니다.

수학은 어느 과정의 앞 단계에서 제대로 학습하지 않으면 다음 단계를 학습하는 것이 매우 어렵고, 한번 흥미를 잃으면 좀처럼 제자리를 찾기도 어렵습니다. 따라서 수학 공부를 잘 하기 위해서는 재미있게 배우는 것이 중요합니다. 수학은 어떻게 배우느냐에 따라 친근감, 흥미도 등이 달라지기 때문입니다. 특히 변화된 수학 교육과정은 수학적 논리력과 창의적인 사고력을 중시합니다. 학교 시험에서 출제 비중이 커지는 서술형 문항은 개념과 원리를 정확히 이해하지 않으면 풀기 힘듭니다. 이에 반해 기초가 튼튼한 아이들은 문제가 어려워질수록 빛을 발합니다. 이 책은 놀이 형식으로 구성되어 있어 어렵고 지루할 수 있는 수학의 재미를 느끼게 해 줍니다.

4. 수학의 개념과 원리가 자연스럽게 스며들도록 구성하였습니다.

이 책은 수학의 기본이 되는 덧셈과 뺄셈에 대한 학습을 재미있게 할 수 있도록 구성하였습니다. 수학의 재미를 느끼고 생각하는 힘을 기를 수 있도록 단순히 반복적인 계산 방식이 아닌 생활에서 주어지고 활용할 수 있는 각종 이미지들과 간결한 설명을 통해 자연스럽게 개념을 이해하고 문제해결력을 기를 수 있도록 하였습니다. 문제를 나열한 듯 보이지만 개념이 만들어지는 문제 상황을 친근한 소재와 학습자의 인지 발달 수준에 맞게 구성하고, 문제의 난이도와 형태를 정교하게 배열하여 수학의 개념과 원리가 자연스럽게 스며들도록 한 것입니다.

또한 개정된 새 교육과정의 핵심인 스토리텔링 학습과 융합인재교육(STEAM)이 이루어질 수 있도록 실생활과의 연계성을 강화한 문제, 통합교과 내용과 접목된 문제 등을 통하여 개념과 원리를 폭넓게 익힐 수 있도록 하였습니다.

이 책의 구성

원리 학습

친근한 소재의 이미지와 결합된 간결한 설명으로 자연스럽게 원리를 이해하고, 원리에서 방법을 이끌어 냅니다. 묶어 세기와 수 가르기 활동, 그림으로 나타내기, 수직선에서 나타내기 등 다양한 방법으로 놀이같이 즐거운 학습이 이루어집니다.

익힘 학습

단계1에서 제시한 방법대로, 간단한 문제부터 차례대로 따라하면서 원리와 방법을 익힙니다. 문제의 난이도와 형태를 정교하게 배열하여 개념이 녹아듭니다.

3단계   연습문제와 숫자놀이

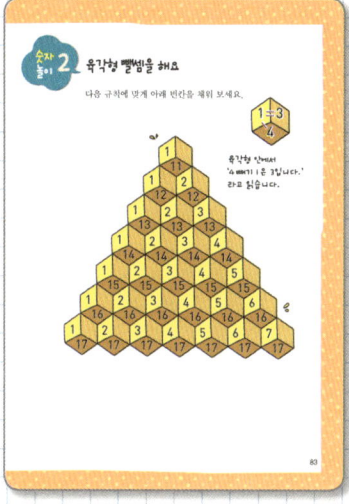

단계2에서 익힌 원리와 방법을 다양한 연습문제를 통해 다집니다.
또 '숫자놀이'에서는 숫자와 연관된 퀴즈를 풀며 연산에 대한 적응력과 창의력을 기를 수 있습니다. 특히 '연습문제'와 '숫자놀이'에서는 실생활과 연계된 스토리텔링 문제, 통합교과 내용과 접목된 문제 등을 삽화와 함께 구성하여 융합적인 사고력이 길러질 수 있도록 하였습니다.

4단계   부록

실력을 점검해 볼 수 있도록 스스로 연산 능력을 측정하는 평가지를 제공합니다.

이 책의 차례

 **수를 알아요** 8~37쪽

(1) 묶어 세기
   1 9보다 큰 수
   2 10개씩 묶어요

(2) 십의 자리, 일의 자리
   1 10개씩 묶음과 낱개
   2 얼마인가요
   3 어느 수가 큰가요

연습문제
숫자놀이 1 나비가 되게 해주세요
숫자놀이 2 사이좋게 나눠 담아요
숫자놀이 3 길을 찾아요
숫자놀이 4 빙글빙글 수가 돌아요

 **덧셈, 뺄셈 걷기** 38~85쪽

(1) 한 자리 수의 계산
   1 덧셈이란
   2 수직선에서 더해요
   3 뺄셈이란
   4 수직선에서 빼요
   5 덧셈과 뺄셈은 짝꿍

(2) 두 자리 수의 계산
   1 묶인대로 더해요
   2 몇 개일까요
   3 세로셈으로 더해요
   4 묶인대로 빼요
   5 몇 개일까요
   6 세로셈으로 빼요

연습문제
숫자놀이 1 육각형 덧셈을 해요
숫자놀이 2 육각형 뺄셈을 해요
숫자놀이 3 합을 맞춰요
숫자놀이 4 직선으로 곡선을 그려요

3 받아 올리고 내리고

86~137쪽

(1) 받아올림이 있는 덧셈
1 직접 세어요
2 10을 만들어요
3 세 수에서의 덧셈
4 수직선에서 더해요
5 일 10개는 십 1개로
6 세로셈으로 더해요

(2) 받아내림이 있는 뺄셈
1 직접 세어요
2 몇십 빼기 몇
3 세 수에서의 뺄셈
4 수직선에서 빼요
5 십 1개는 일 10개로
6 세로셈으로 빼요

연습문제
숫자놀이 1 왕자의 모습을 되찾아 주세요
숫자놀이 2 합을 맞춰요
숫자놀이 3 마법의 숫자를 채워요
숫자놀이 4 마법의 숫자를 채워요

정답 138~153쪽
부록
도전! 덧셈뺄셈 급수 문제 154~167쪽

1 수를 알아요

엥? 뭐라고?

10원짜리 5개랑 1원짜리 3개니까 모두 합해서 80원!!

묶어 세기

개수를 셀 때는 10개씩 묶어 10개씩 묶음의 수와 낱개의 수를 세어요. 10개씩 2묶음과 낱개 5개를 25라고 읽습니다.

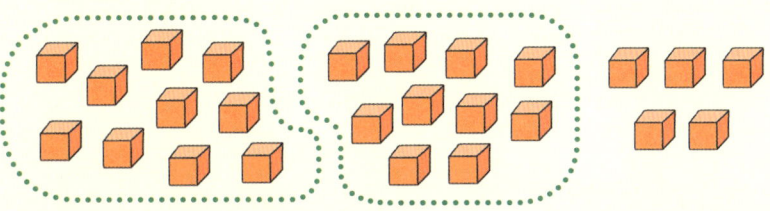

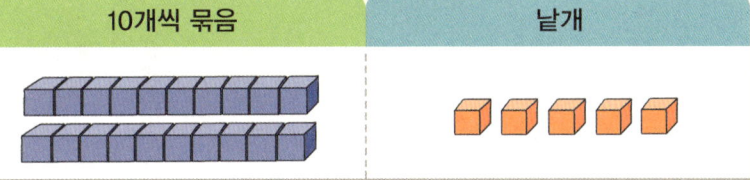

10개씩 2묶음
낱개 5개   이므로  입니다.

십의 자리, 일의 자리

25에서
2는 십의 자리 숫자이고 20을 나타내어요.
5는 일의 자리 숫자이고 5를 나타내어요.
25는 10이 2, 1이 5 이므로 25입니다.

10원짜리 5개, 1원짜리 3개이므로
50원과 3원, 즉 53원입니다.

1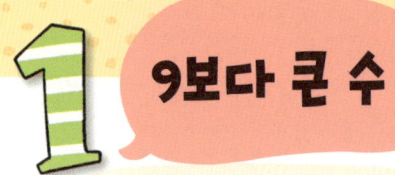

(1) 묶어 세기

따뜻한 봄날, 세영이는 소풍을 가려고 합니다.
빵은 몇 개 준비했나요? 오리는 몇 마리 있을까요?
그림에서 찾아 빈칸에 같은 수만큼 색칠하세요.

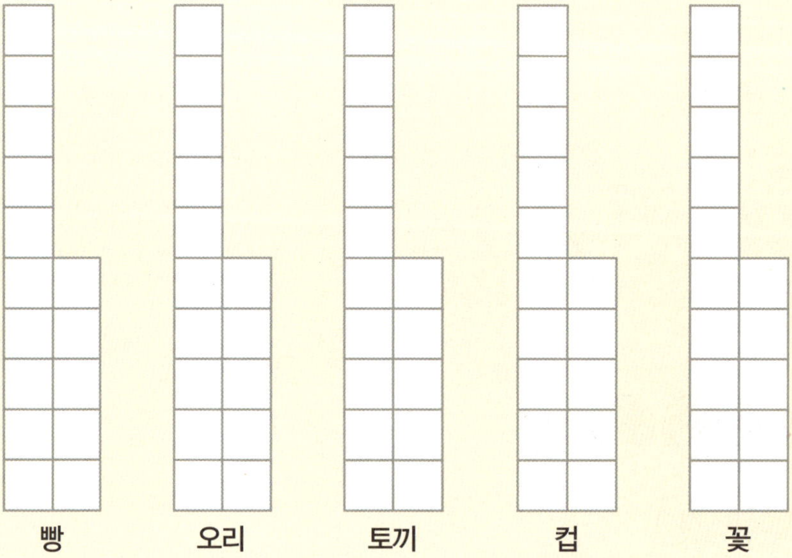

| 빵 | 오리 | 토끼 | 컵 | 꽃 |

10　십　열

10개씩 1묶음을 10이라고 합니다.
10은 **십** 또는 **열**이라고 읽습니다.

12　십이　열둘

10개씩 1묶음과 낱개 2개를 12라고 합니다.
12는 **십이** 또는 **열둘**이라고 읽습니다.

13　십삼　열셋

10개씩 1묶음과 낱개 3개를 13이라고 합니다.
13은 **십삼** 또는 **열셋**이라고 읽습니다.

 **10개씩 묶어요**

10개씩 4묶음은 **4** **0** 입니다.

낱개 3개는 **3** 입니다.

10개씩 4묶음과 낱개 3개를 **4** **3** 이라고 합니다.

1 10개씩 3묶음은 ☐☐ 입니다.

낱개 6개는 ☐ 입니다.

10개씩 3묶음과 낱개 6개를 ☐☐ 이라고 합니다.

2 10개씩 5묶음은 ☐☐ 입니다.

낱개 5개는 ☐ 입니다.

10개씩 5묶음과 낱개 5개를 ☐☐ 라고 합니다.

낱개 모형이 아래와 같이 있습니다. 낱개 모형을 10개씩 묶으면 10개씩 묶음이 됩니다.

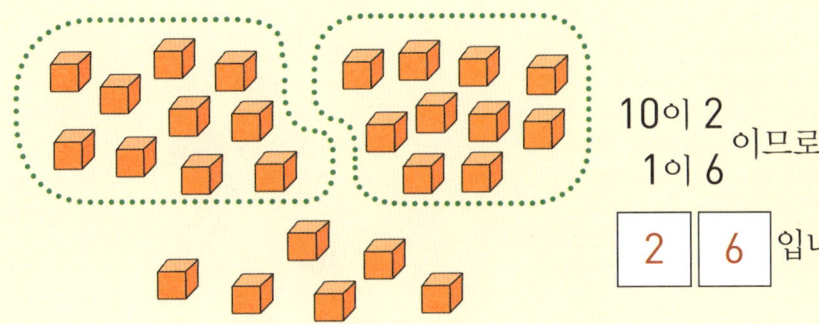

10이 2 이므로
1이 6

2 6 입니다.

3

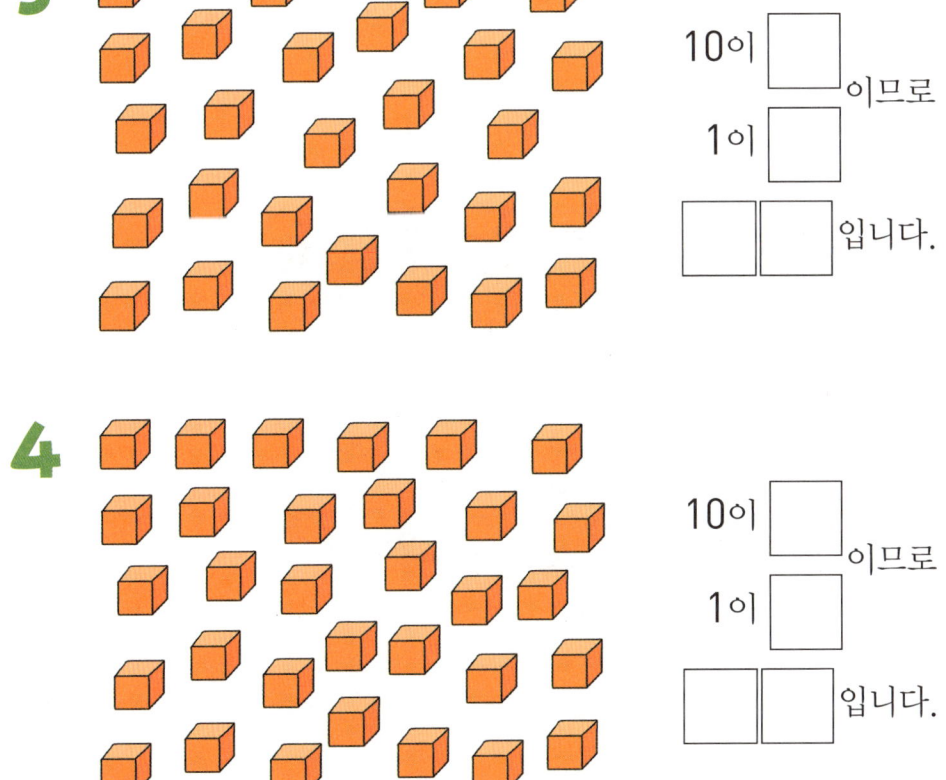

10이 ☐ 이므로
1이 ☐
☐☐ 입니다.

4

10이 ☐ 이므로
1이 ☐
☐☐ 입니다.

● 동물들이 모두 몇 마리인지 세어봅시다.

5

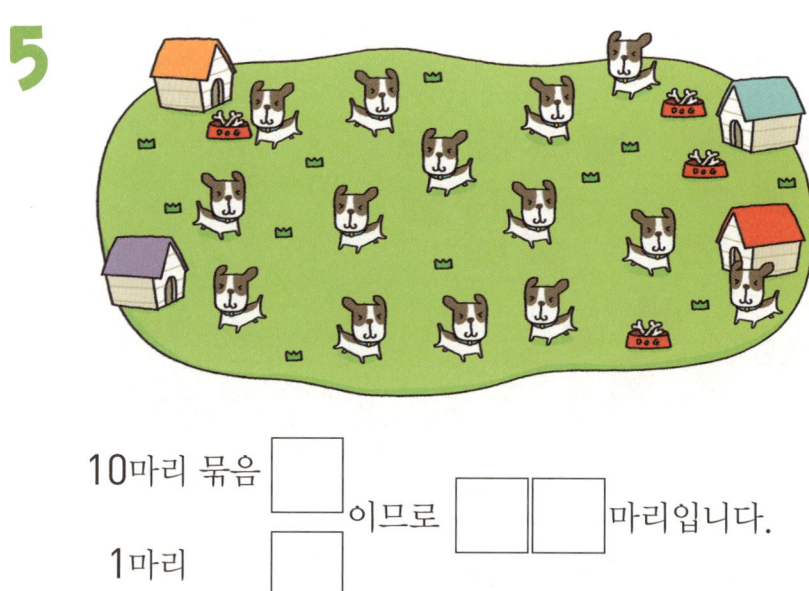

10마리 묶음 ☐
1마리 ☐
이므로 ☐☐ 마리입니다.

6

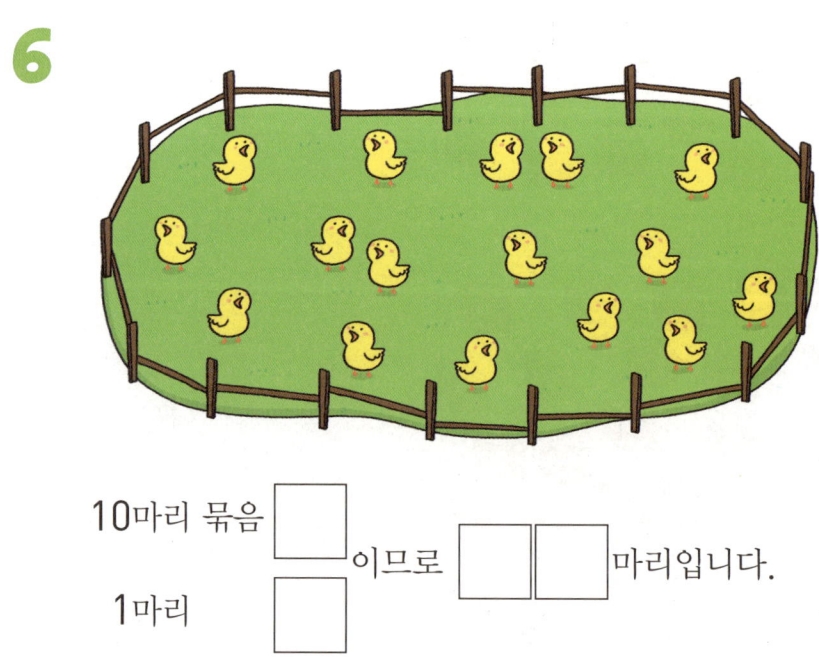

10마리 묶음 ☐
1마리 ☐
이므로 ☐☐ 마리입니다.

7

10마리 묶음 ☐ 이므로 ☐☐ 마리입니다.
1마리 ☐

8

10마리 묶음 ☐ 이므로 ☐☐ 마리입니다.
1마리 ☐

1. 10개씩 묶음과 낱개

(2) 십의 자리, 일의 자리

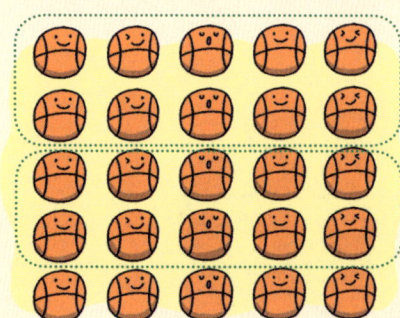

열 개씩 묶어 보세요.

10개씩 묶음이 2 개이고

낱개가 5 개입니다.

농구공은 모두 2 5 개입니다.

1

열 개씩 묶어 보세요.

10개씩 묶음이 ☐ 개이고

낱개가 ☐ 개입니다.

야구공은 모두 ☐ ☐ 개입니다.

2

열 개씩 묶어 보세요.

10개씩 묶음이 ☐ 개이고

낱개가 ☐ 개입니다.

축구공은 모두 ☐ ☐ 개입니다.

25에서
2는 십의 자리 숫자이고 20을 나타냅니다.
5는 일의 자리 숫자이고 5를 나타냅니다.
25는 10이 2, 1이 5이므로 25입니다.

3

34에서

3은 ☐의 자리 숫자이고 ☐☐을 나타냅니다.

4는 ☐의 자리 숫자이고 ☐를 나타냅니다.

34는 10이 ☐, 1이 ☐이므로 ☐☐입니다.

4

28에서

2는 ☐의 자리 숫자이고 ☐☐을 나타냅니다.

8은 ☐의 자리 숫자이고 ☐을 나타냅니다.

28은 10이 ☐, 1이 ☐이므로 ☐☐입니다.

○ 주어진 수들을 더해서 쓰세요.

5 20 4

십의 자리	일의 자리

30 1

십의 자리	일의 자리

6 60 7

십의 자리	일의 자리

10 5

십의 자리	일의 자리

○ 다음을 숫자로 쓰세요.

7 이십오

십의 자리	일의 자리

사십삼

십의 자리	일의 자리

8 구십이

십의 자리	일의 자리

팔십육

십의 자리	일의 자리

○ 다음 수를 쓰세요.

보기 십의 자리가 2   이면 [2][0] 과 [3] 이므로 [2][3] 입니다.
일의 자리가 3

9 십의 자리가 5   이면 □□ 과 □ 이므로 □□ 입니다.
일의 자리가 4

10 십의 자리가 8   이면 □□ 과 □ 이므로 □□ 입니다.
일의 자리가 0

11 십의 자리가 7   이면 □□ 과 □ 이므로 □□ 입니다.
일의 자리가 3

12 십의 자리가 6   이면 □□ 과 □ 이므로 □□ 입니다.
일의 자리가 2

13 십의 자리가 9   이면 □□ 과 □ 이므로 □□ 입니다.
일의 자리가 9

2 얼마인가요

10원짜리와 1원짜리를 따로 따로 세어요.

3	0	원
	2	원
3	2	원

1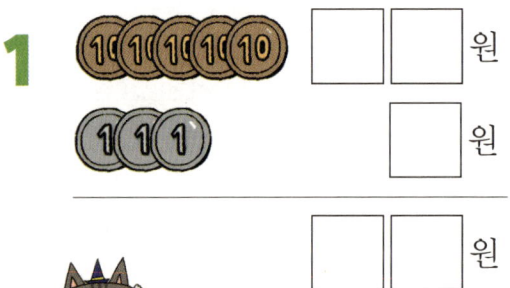

☐☐ 원
☐ 원
☐☐ 원

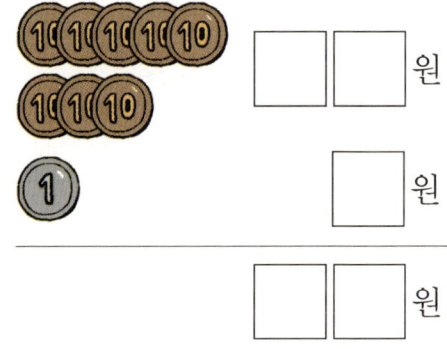

☐☐ 원
☐ 원
☐☐ 원

10원짜리 5개와 1원짜리 3개는 80원도 아니고 8원도 아니지요. 10원짜리와 1원짜리는 따로 세어야 해요.

2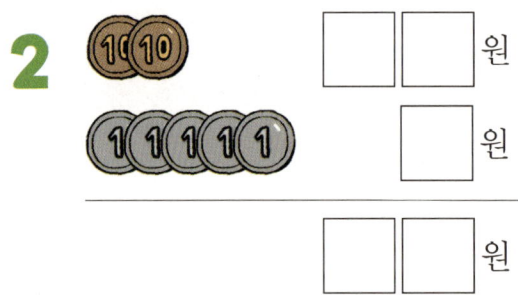

☐☐ 원
☐ 원
☐☐ 원

☐☐ 원
☐ 원
☐☐ 원

보기 10원은 1원짜리 10개로 바꿀 수 있습니다.

3 20원은 1원짜리 몇 개로 바꿀 수 있나요? ☐ 개

4 40원은 1원짜리 몇 개로 바꿀 수 있나요? ☐ 개

5 70원은 1원짜리 몇 개로 바꿀 수 있나요? ☐ 개

6 80원은 1원짜리 몇 개로 바꿀 수 있나요? ☐ 개

7 90원은 1원짜리 몇 개로 바꿀 수 있나요? ☐ 개

○ 동전이 여러 개 있습니다. 같은 값끼리 이어보세요.

8 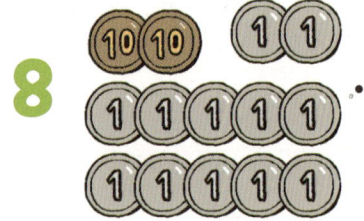 • • ㄱ

9  • • ㄴ

10  • • ㄷ

11  • • ㄹ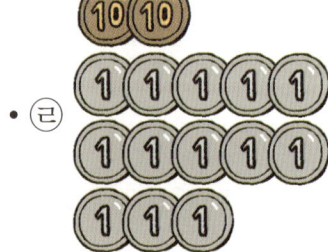

12  • • ㅁ

○ 알뜰시장에 나온 물건이에요. 둘 중 비싼 물건에 ○표 하세요.

13

14

15

16

어느 수가 큰가요

| 2 | 4 | | 3 | 1 |

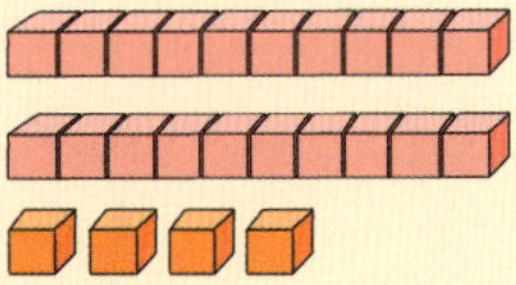

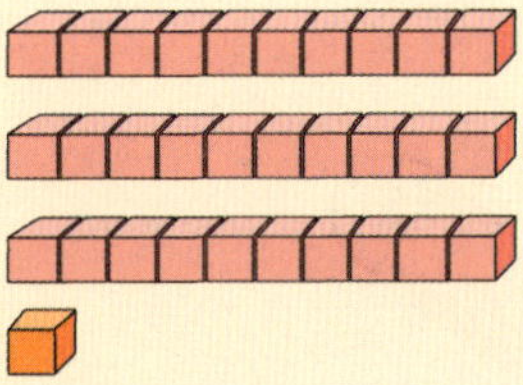

31은 24보다 큽니다.
24는 31보다 작습니다.

| 2 | 4 | < | 3 | 1 |

↑ 10개씩 묶음의 수가 클수록 큰 수입니다.

10개씩 묶음의 수를 먼저 비교하고, 10개씩 묶음의 수가 같으면 낱개의 수를 비교해요!

1 | 3 | 5 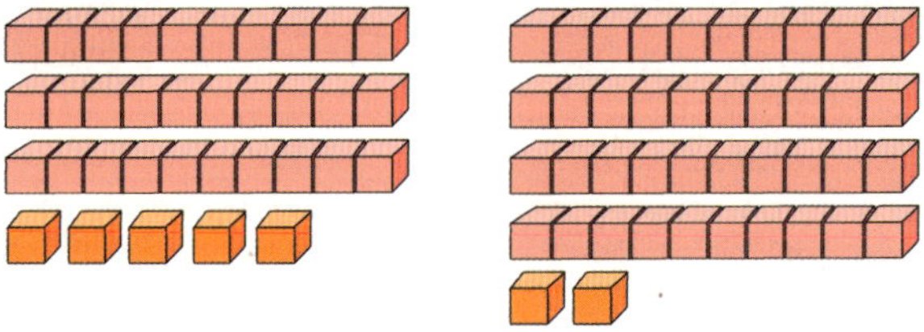 | | 4 | 2 |

☐☐ 는 ☐☐ 보다 큽니다.
☐☐ 는 ☐☐ 보다 작습니다.

| ☐ | ☐ | < | ☐ | ☐ |

2 | 2 | 3 | | 2 | 2 |

☐☐ 은 ☐☐ 보다 큽니다.
☐☐ 는 ☐☐ 보다 작습니다.

| ☐ | ☐ | < | ☐ | ☐ |

↑ 10개씩 묶음의 수가 같을 때에는 낱개의 수가 클수록 큰 수입니다.

3 두 수의 크기를 비교하여 >, <를 써서 나타내세요.

(1) 36 ☐ 19

(2) 52 ☐ 29

(3) 35 ☐ 53

(4) 12 ☐ 81

> 십의 자리 숫자가 큰 수가 큽니다. 십의 자리 숫자가 똑같으면 일의 자리의 숫자가 큰 수가 큰 거구요.

> (큰 수) > (작은 수) 또는 (작은 수) > (큰 수)와 같이 나타내면 돼요.

4 빈칸에 알맞은 수를 써 보세요.

(1) ☐☐ < 26

(2) 17 < ☐☐

(3) 15 < ☐☐ < 20

(4) 22 < ☐☐ < 70

○ 수직선의 빈칸에 알맞은 수를 쓰세요.

5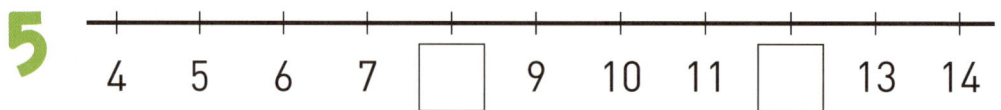

6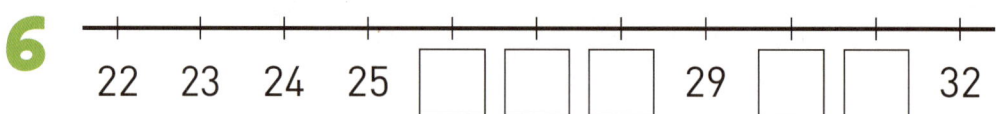

7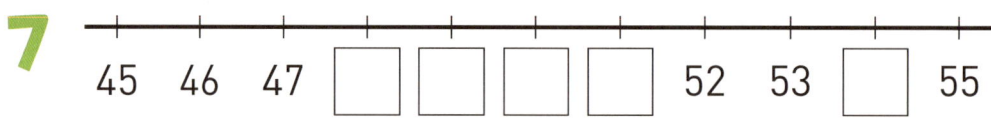

8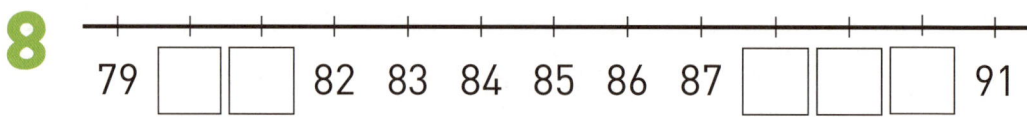

○ 규칙에 따라 수를 세고 있어요. 빈칸에 알맞은 수를 쓰세요.

9 13 - 14 - 15 - ( ) - ( ) - ( ) - 19

10 18 - ( ) - 20 - 21 - ( ) - ( ) - 24

11 27 - 28 - ( ) - ( ) - 31 - ( ) - 33

12 10 - 20 - ( ) - ( ) - 50 - 60 - ( )

13 32 - 34 - ( ) - ( ) - 40 - ( ) - 44

14 10 - 15 - ( ) - 25 - ( ) - ( ) - 40

15 ( ) - 49 - ( ) - 69 - ( ) - ( ) - 99

16 32 - 35 - 38 - ( ) - ( ) - 47 - 50

1 그림 안에 같은 모양이 몇 개씩 있나요?

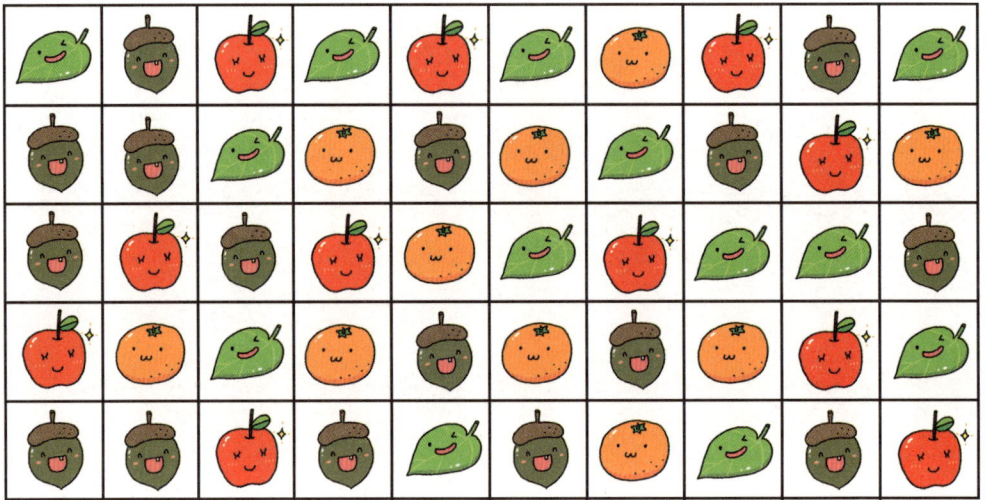

2 그림에서 빈 자리를 채우려면 타일이 몇 개 필요한가요?

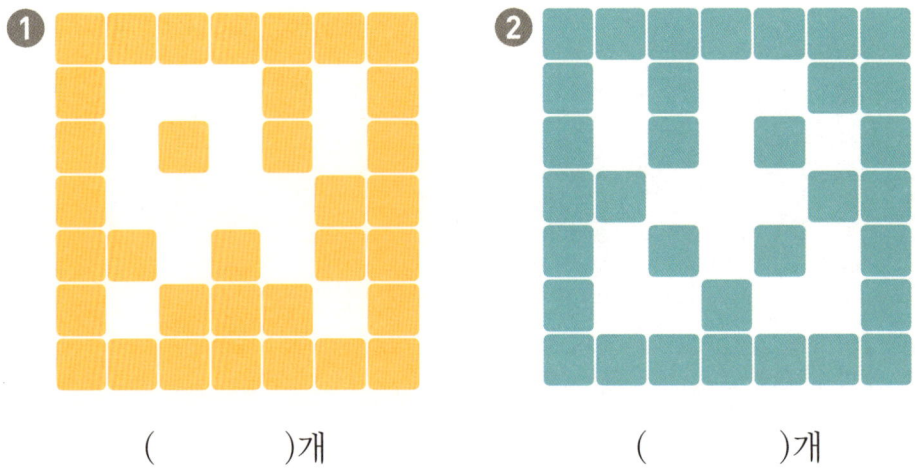

3 다음 수가 들어갈 곳을 찾아 색칠하세요.

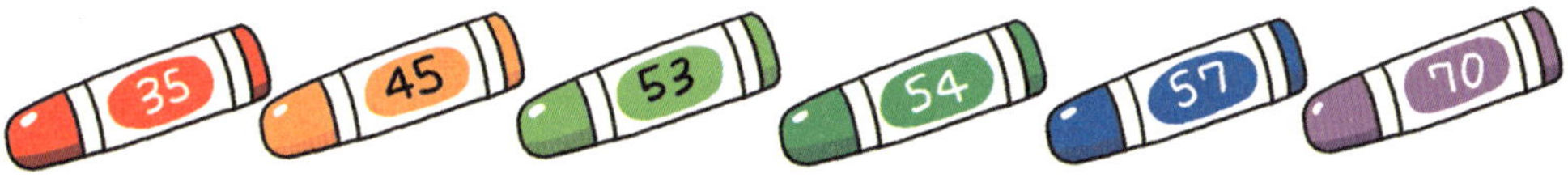

4 다음 수를 쓰세요.

❶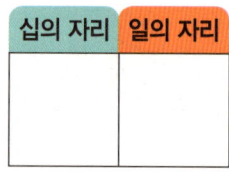

❷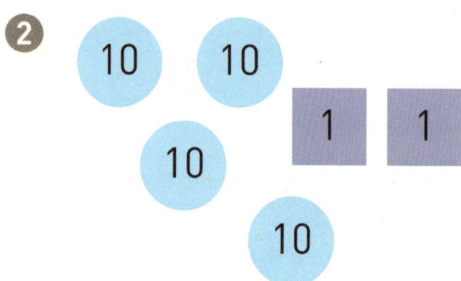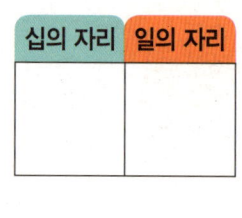

❸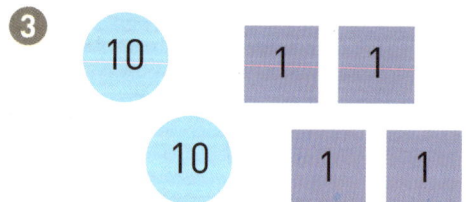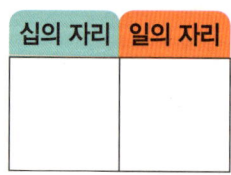

❹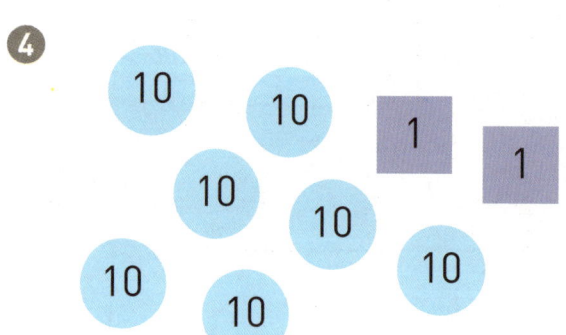

5 어느 수가 더 큰가요? 두 수의 크기를 비교하여 <, >를 알맞게 쓰세요.

① 44 > 33

② 15 < 51

③ 66 > 63

④ 18 < 37

⑤ 88 < 89

⑥ 90 > 69

6 다음 중 누구의 말이 옳지 않을까요?

① 지수 : 너구리가 8년 후에 찾아간다면, 아직 10년이 되지 않았으므로 받지 못할 것이다.

② 선희 : 너구리가 11년 후에 찾아간다면, 10년이 지났으므로 목도리를 받을 수도 있다.

③ 수담 : 너구리가 15년 후에 찾아간다면, 10년이 지났지만 목도리를 절대로 받을 수 없다.

7 길을 가다가 0과 8이 만났습니다.
0이 8에게 뭐라고 했을까요?
아래 수에 해당되는 글자를 찾아 빈칸에 써 보세요.

70	38	81	69	40	78	41	72	80

36 - 37 - 는 - 39 - 리 - 가 - 42

67 - 68 - 허 - 나 - 71 - 좋 - 73

76 - 77 - 띠 - 79 - 아 - 네 - 82

나비가 되게 해주세요

애벌레가 미로로 들어섰습니다. 갈림길에서는 큰 수 쪽으로 가면 미로를 빠져나갈 수 있어요. 이 미로를 빠져나가면 나비가 될 수 있습니다. 애벌레가 나비가 될 수 있도록 도와주세요.

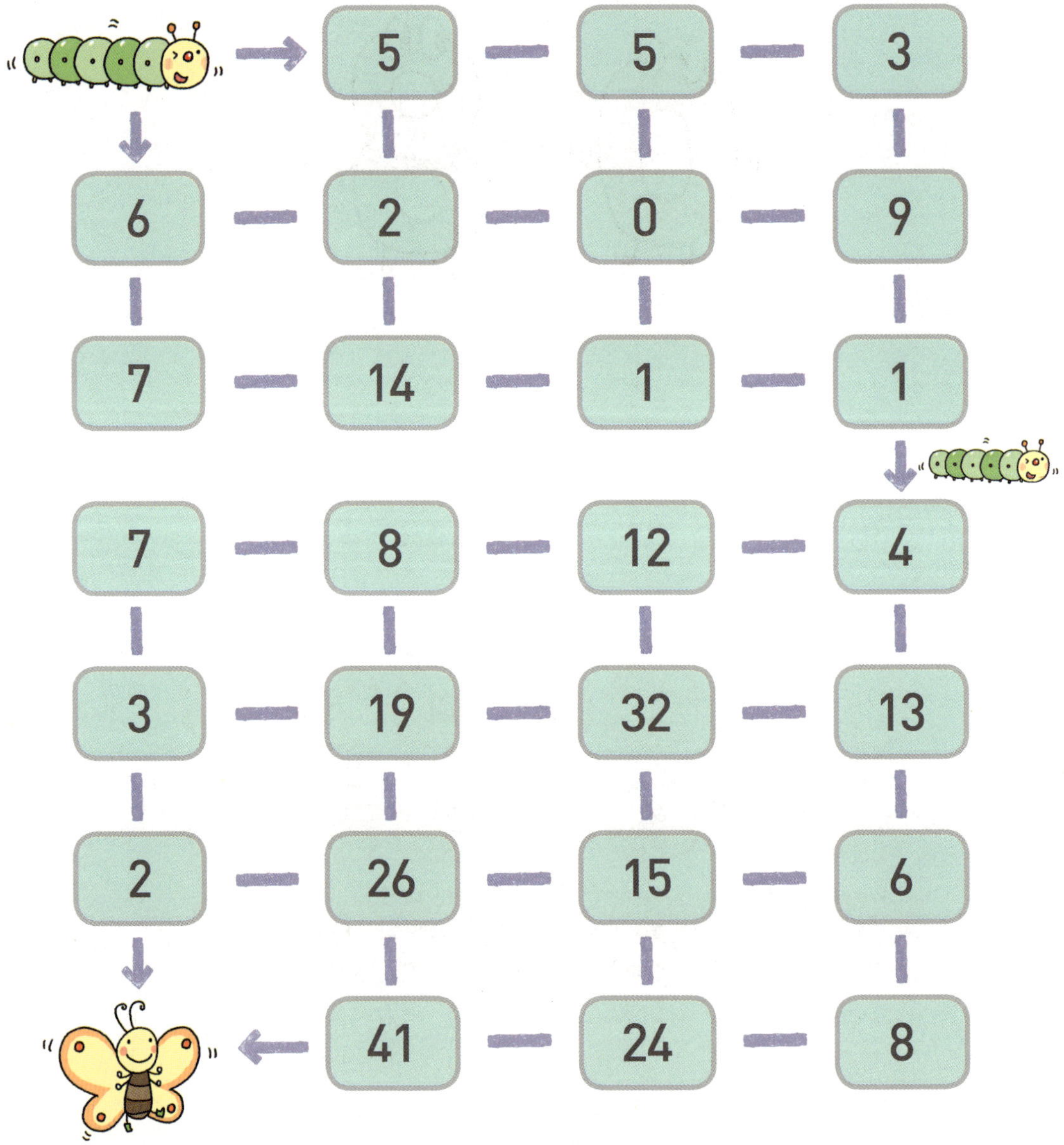

사이좋게 나눠 담아요

원숭이 세 마리가 바나나를 바구니에 담으려고 해요. 원숭이들은 가로, 세로 방향으로만 다닐 수 있어요. 바나나를 남기지 않고 세 마리 모두 똑같이 담으려고 합니다. 원숭이 세 마리가 지나간 길을 그려보세요. 원숭이 한 마리는 바나나를 몇 개씩 담았습니까?

길을 찾아요

왼쪽 맨 위 칸에서 시작해서 오른쪽 맨 아래 칸 출구까지 가는 길을 찾아주세요. 가는 방법은 다음과 같습니다.

- 가로, 세로 방향으로만 갈 수 있어요.
- 네모 칸 안의 수만큼 칸을 옮겨야 해요.

보기

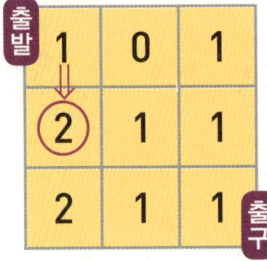

출발에서 '1'만큼 세로로 가요. 가로로 가면 왜 안 될까요?

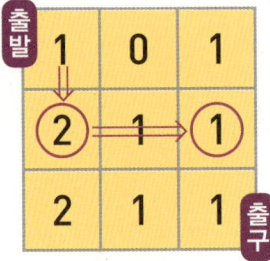

'2'만큼 가로로 가요.

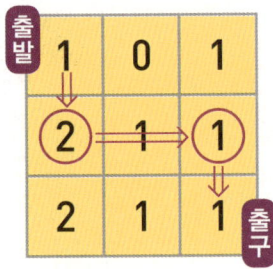

'1'만큼 세로로 가서 도착했어요.

아래 그림에서 길을 찾아주세요.

❶
출발 2	1	2
0	0	1
1	2	0 출구

❷
출발 3	1	4	0
0	2	3	2
1	2	1	0
1	2	2	1 출구

빙글빙글 수가 돌아요

🔵 안에 시계 방향으로 돌아가면서 수를 쓰세요. 🔵 안의 수에 가운데 수만큼 더한 수를 써나갑니다.

보기

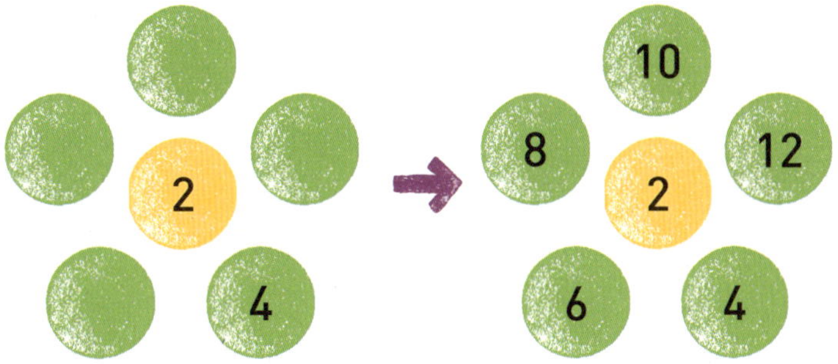

2 → 10, 8, 2, 12, 6, 4

① 5 ... 15

② 4 ... 31

③ 6 ... 24

덧셈이란

그려서 더해요

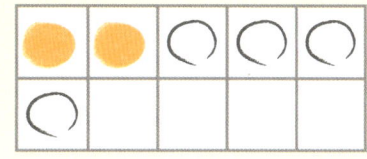

덧셈이란 말 그대로 수를 더하는 거예요.
2에서 4를 더할 때에는 ○를 2개 그려놓고,
○를 하나씩 더 그려요. 4개를 더 그리는 거예요.
그리고 모두 몇 개인지 세어보세요. 하나, 둘, 셋, …
모두 6개이지요. 그래서 2+4=6입니다.

수직선에서 더해요

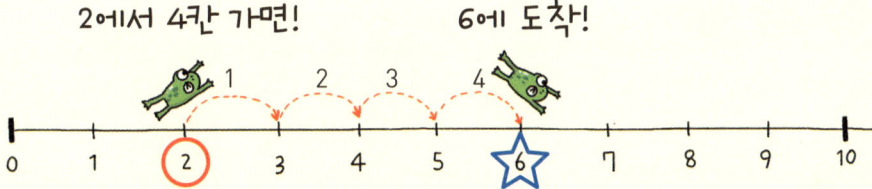

뺄셈이란

덧셈은 어떤 수에서 더하는 수만큼 세어나가는 거예요.
뺄셈은 거꾸로 세면 되요. 6에서 2를 빼려면 6부터 거꾸로 2칸을 가면
5, 4! 이렇게 세면 되요.

(1) 한 자리 수의 계산

3명의 친구들이 놀이를 하고 있는데 2명의 친구가 더 왔어요.
모두 몇 명일까요?
+2

한 명에 한 칸씩! 친구들은 모두 5명이에요.

3 + 2 = 5

3 더하기 2는 5입니다.

○ 그림을 보고 빈칸에 같은 수만큼 ○표 하세요.
그리고 덧셈식도 만들어 보세요.

1

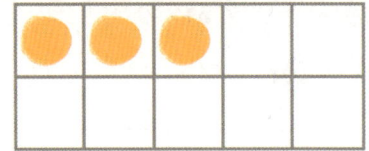   

2

3

4

○ ○를 그려서 덧셈을 하세요.

'2 더하기 4는 6입니다.' 라고 읽어요.

보기 2+4= 6

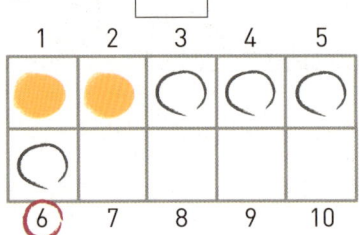

5 3+2=☐

6 3+3=☐

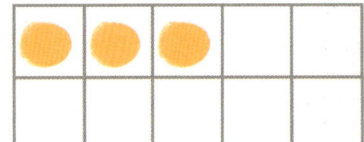

7 3+4=☐

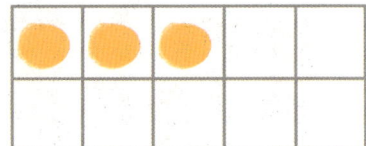

8 2+5=☐

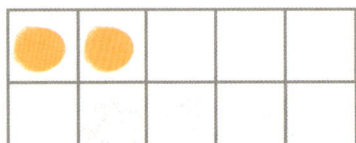

9 2+6=☐

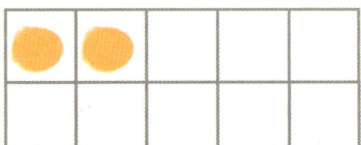

10 7+1=☐

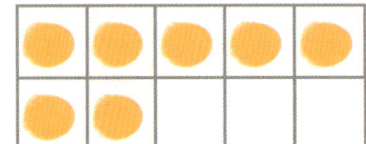

11 4+5=☐

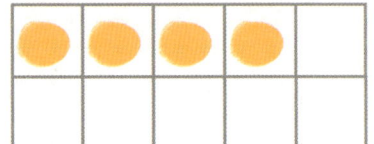

○ 책은 모두 몇 권인가요? 덧셈식을 써 보세요.

12 가방에는 책이 3권 있습니다.

3 + 2 = ☐

13 가방에는 책이 4권 있습니다.

☐ + ☐ = ☐

14 가방에는 책이 5권 있습니다.

☐ + ☐ = ☐

15 가방에는 책이 5권 있습니다.

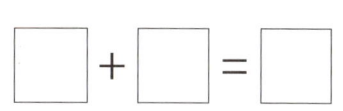

☐ + ☐ = ☐

16 가방에는 책이 6권 있습니다.

☐ + ☐ = ☐

17 가방에는 책이 7권 있습니다.

☐ + ☐ = ☐

2 수직선에서 더해요

3에 4를 더할 때는 3에서 오른쪽으로 4칸 가면 됩니다.

3 + 4 = 7

'3 더하기 4는 7입니다.' 라고 읽으면 돼요~.

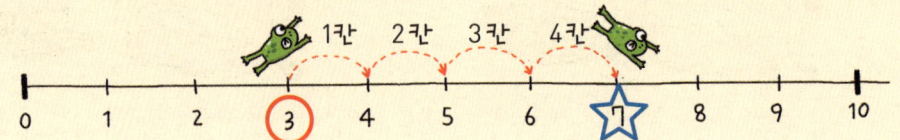

1 4+1=☐

4에서 오른쪽으로 1칸 가면!

2 3+2=☐

3에서 오른쪽으로 2칸 가면!

3 5+3=☐

4 4+4=☐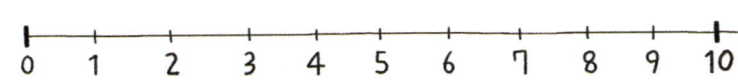

5 2+4=☐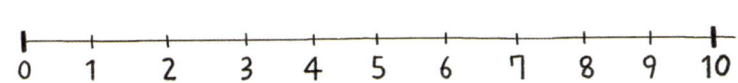

6 1+6=☐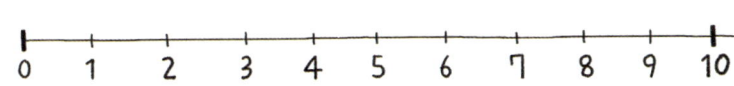

7 3+6=☐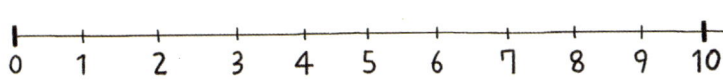

3 뺄셈이란

5명의 친구들이 놀이를 하다가 <u>2명이 갔습니다.</u>
남은 친구는 모두 몇 명일까요?   −2

남은 친구들은 모두 3명이에요.

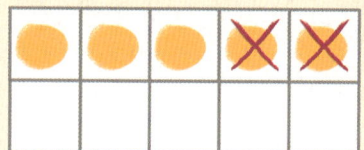

5 − 2 = 3

5 빼기 2는 3입니다.

● 그림을 보고 빈칸에 같은 수만큼 ×표 하세요.
그리고 뺄셈식도 만들어 보세요.

1

5명의 친구들이 있다가
1명이 갔습니다.
남은 친구는 모두 몇 명일까요?

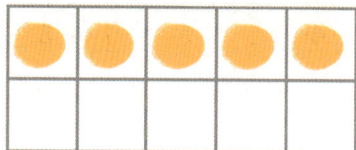   

2

4명의 친구들이 있다가
2명이 갔습니다.
남은 친구는 모두 몇 명일까요?

3

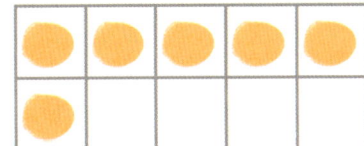

6명의 친구들이 있다가
2명이 갔습니다.
남은 친구는 모두 몇 명일까요?

4

7명의 친구들이 있다가 5명이 갔습니다. 남은 친구는 모두 몇 명일까요?

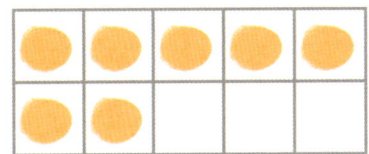   

● ×표를 하면서 뺄셈을 하세요.

 7−2= 5   '7 빼기 2는 5입니다.' 라고 읽어요.

5 8−2= ☐

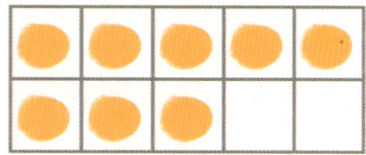

6 3−1= ☐

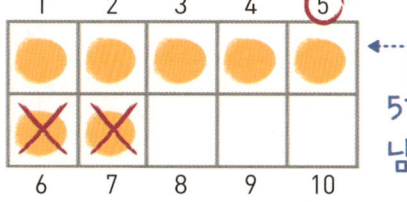

7 7−7= ☐

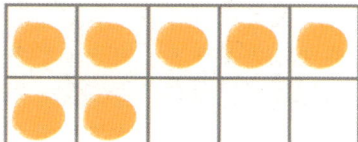

8 5−4= ☐

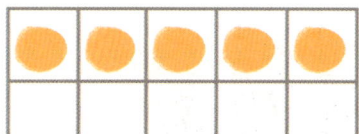

9 9−5= ☐

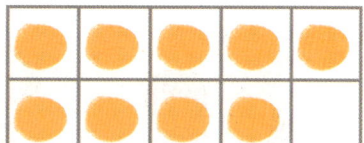

10 7−6= ☐

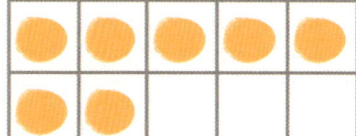

11 7−4= ☐

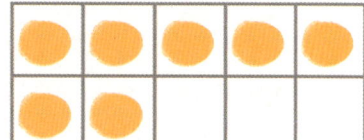

○ 과자는 모두 몇 개 남았나요? 뺄셈식을 써 보세요.

12 과자를 3개 먹었습니다.

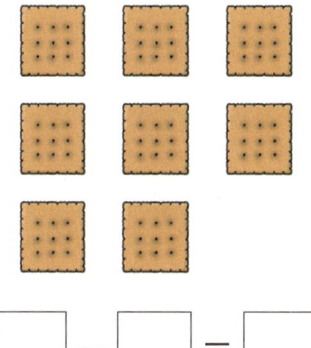

☐ − ☐ = ☐

13 과자를 3개 먹었습니다.

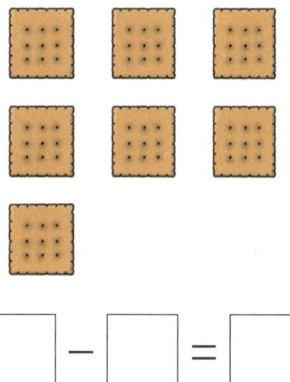

☐ − ☐ = ☐

14 과자를 3개 먹었습니다.

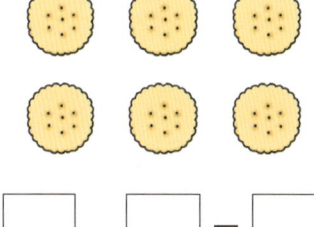

☐ − ☐ = ☐

15 과자를 4개 먹었습니다.

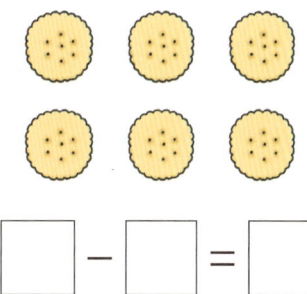

☐ − ☐ = ☐

16 과자를 6개 먹었습니다.

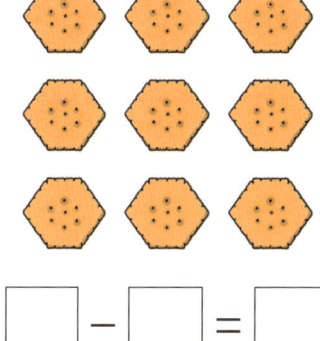

☐ − ☐ = ☐

17 과자를 7개 먹었습니다.

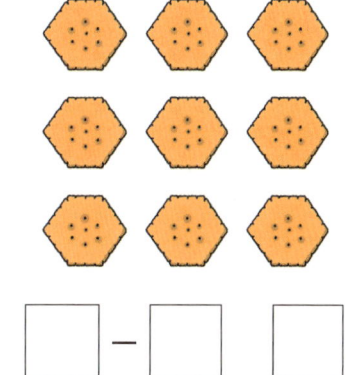

☐ − ☐ ☐

 **수직선에서 빼요**

7에서 3을 뺄 때는 7에서 왼쪽으로 3칸 가면 됩니다.

7 − 3 = 4

'7 빼기 3은 4입니다.'
라고 읽으면 돼요.

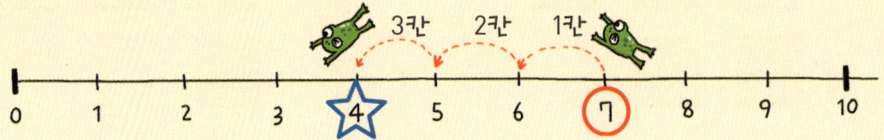

1 4−1=☐

4에서 왼쪽으로 1칸 가면!

2 7−2=☐

7에서 왼쪽으로 2칸 가면!

3 7−6=☐

4 8−4=☐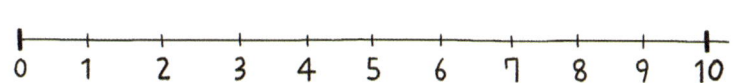

5 9−4=☐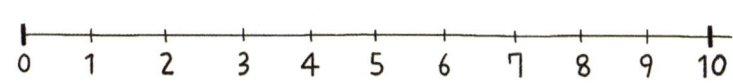

6 9−6=☐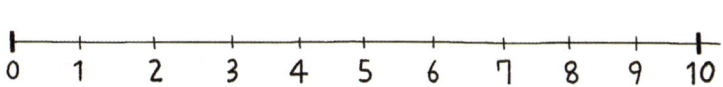

7 6−2=☐

 ## 덧셈과 뺄셈은 짝꿍

3명이 있는데 2명 더 오면 5명이 되고, 5명이 있다가 2명이 가면 3명이 되지요. 이렇게 덧셈식에서 뺄셈식을 만들 수도 있어요.

⤷ 3 더하기 2는 5입니다.   ⤷ 5 빼기 2는 3입니다.

 덧셈식을 보고 뺄셈식을 만들고, 뺄셈식을 보고 덧셈식을 만들 수 있답니다!

1

4 + 3 = ☐   7 − 3 = ☐

2

☐ + ☐ = ☐   ☐ − ☐ = ☐

3 덧셈식을 보고 뺄셈식을
2개 만들어 보세요.

$7 + 2 = 9$ → $9 - 2 = \boxed{}$
$9 - 7 = \boxed{}$

4

$5 + 3 = \boxed{}$ → $8 - 3 = \boxed{}$
$8 - 5 = \boxed{}$

5

$4 + \boxed{} = 9$ → $9 - 4 = \boxed{}$
$9 - \boxed{} = 4$

○ 빈칸에 알맞은 수를 쓰세요.

6 4 + 1 = ☐   5 − 4 = ☐

   1 + 4 = ☐   5 − 1 = ☐

두 수를 바꾸어 더해도 합이 같아요!

7 6 + 2 = ☐   8 − 6 = ☐

   2 + 6 = ☐   8 − 2 = ☐

8 3 + 2 = ☐   5 − 3 = ☐

   2 + 3 = ☐   5 − 2 = ☐

9 5 + 4 = ☐   9 − 5 = ☐

   4 + 5 = ☐   9 − 4 = ☐

10

△ (6, 1, 5)

1+5=☐ 6−1=☐
5+1=☐ 6−5=☐

11

△ (6, 2, 4)

2+4=☐ 6−2=☐
4+2=☐ 6−4=☐

12

△ (8, 3, 5)

3+5=☐ 8−3=☐
5+3=☐ 8−5=☐

13

△ (9, 3, 6)

3+6=☐ 9−3=☐
6+3=☐ 9−6=☐

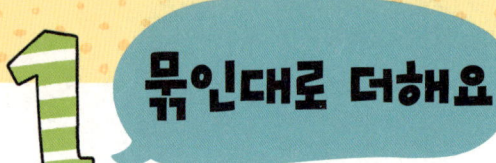

(2) 두 자리 수의 계산

12＋3은 일의 자리의 수 2와 3만 더해서 쓰고 십의 자리의 수 1은 그대로 씁니다.

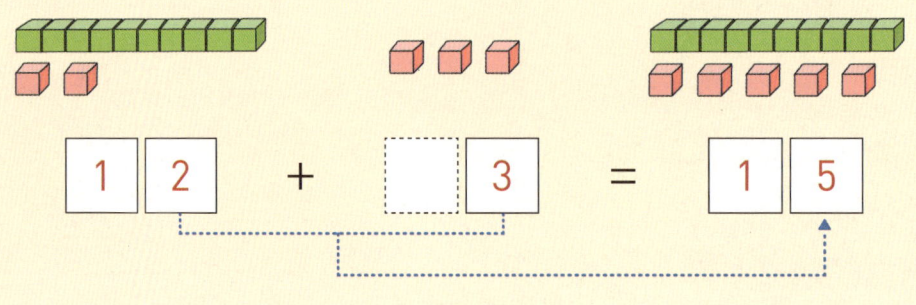

1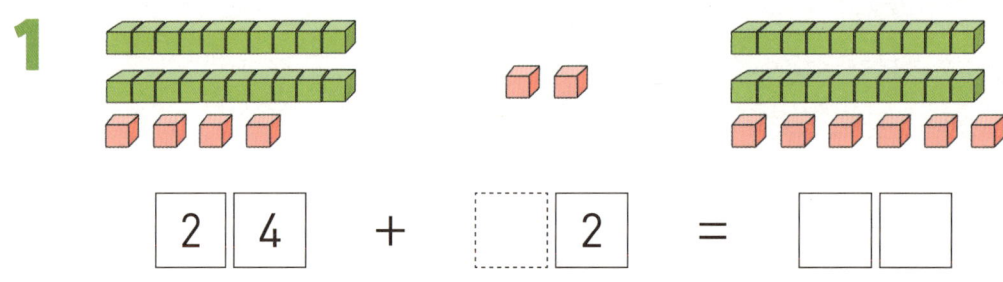

2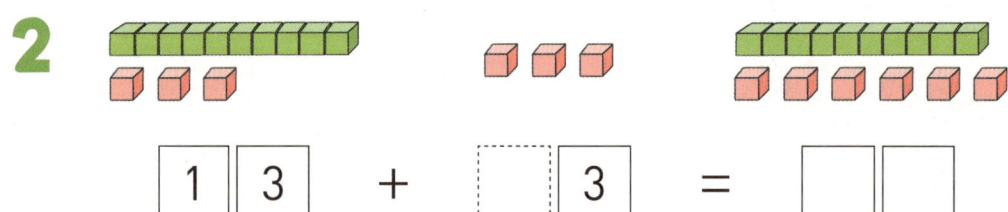

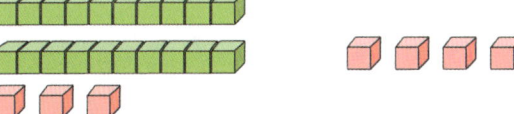
두 수를 더한만큼 수 모형을 그려 보세요.

3

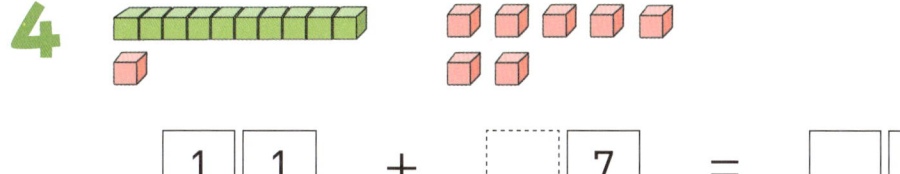

| 2 | 3 | + | | 4 | = | | |

4

| 1 | 1 | + | | 7 | = | | |

5

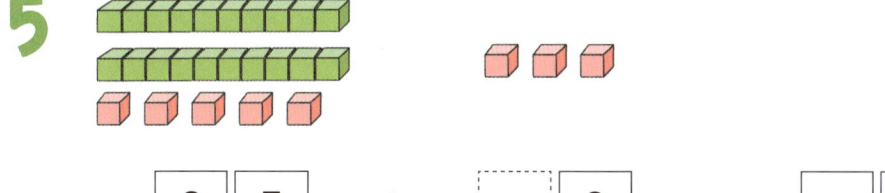

| 2 | 5 | + | | 3 | = | | |

보기

10 + 10 = 20

10개씩 2묶음이므로 십의 자리는 2, 일의 자리는 0입니다.

6

10 + 20 = ☐☐

7

20 + 10 = ☐☐

8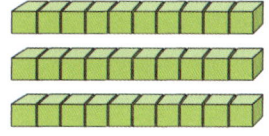

[3][0] + [1][0] = [ ][ ]

9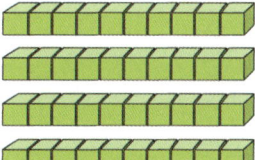

[4][0] + [1][0] = [ ][ ]

10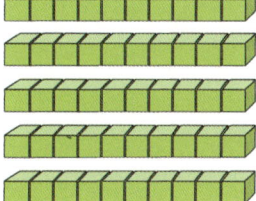

[ ][ ] + [ ][ ] = [ ][ ]

2 몇 개일까요

사탕이 10개씩 2묶음이 있는데, 낱개 3개를 더 받았어요.
사탕은 20개와 3개가 있어 모두 23개이지요.

이십   삼   이십삼

| 2 | 0 | + | | 3 | = | 2 | 3 |

1

| 1 | 0 | + | | 5 | = | | |

2

| | | + | | | = | | |

3

☐☐ + ☐☐ = ☐☐

4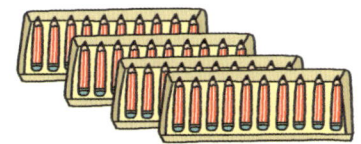

☐☐ + ☐☐ = ☐☐

5

☐☐ + ☐☐ = ☐☐

6

☐☐ + ☐☐ = ☐☐

사탕이 10개씩 2묶음과 낱개 3개가 있는데, 낱개 4개를 더 받았어요.
23과 4를 더할 때에는 낱개의 수 3과 4만 더해서 쓰고, 10개씩 묶음의 수(십의 자리 수) 2는 그대로 씁니다.

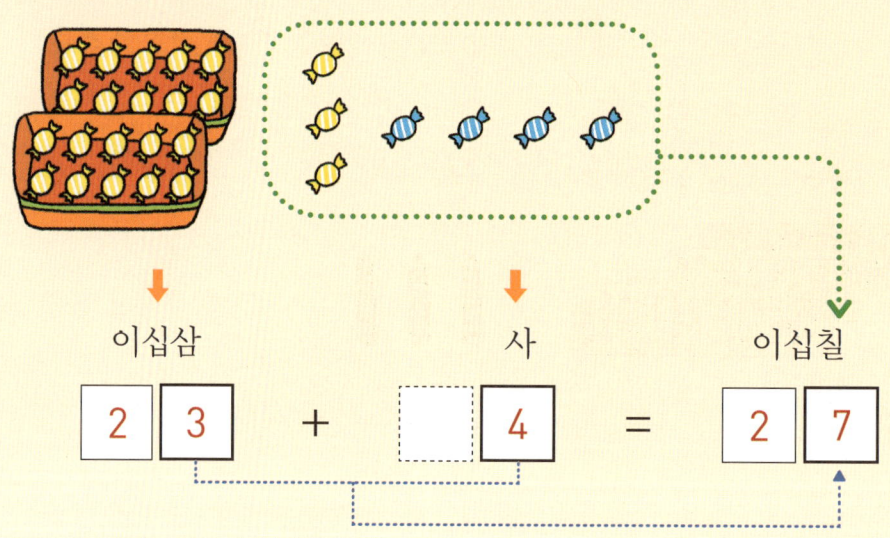

7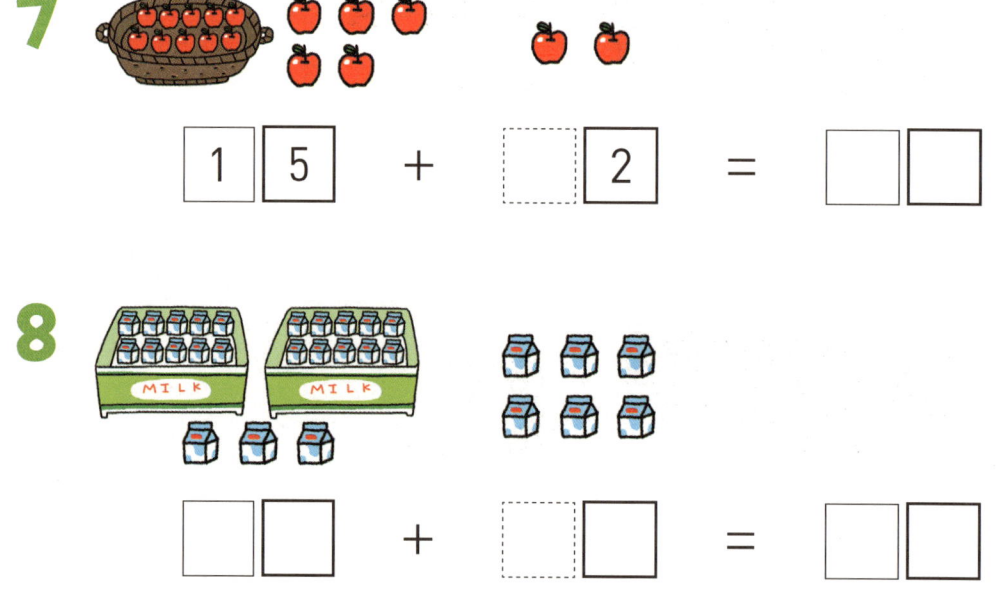

1 5 + ☐ 2 = ☐☐

8

☐☐ + ☐☐ = ☐☐

9

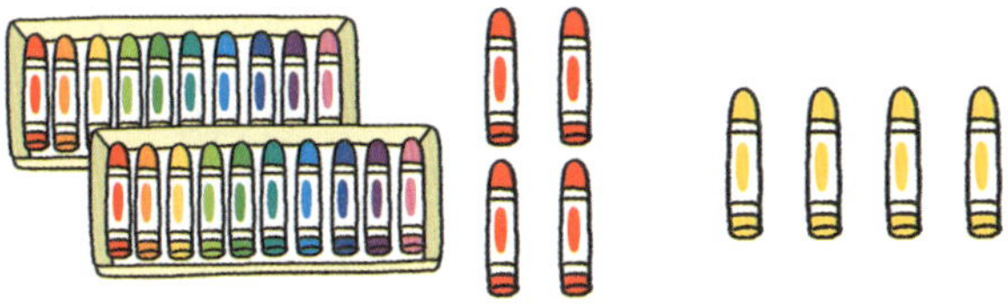

☐☐ + ☐☐ = ☐☐

10

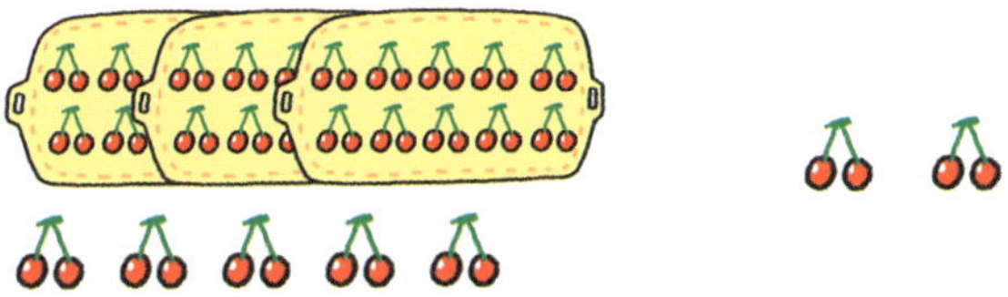

☐☐ + ☐☐ = ☐☐

11

☐☐ + ☐☐ = ☐☐

12

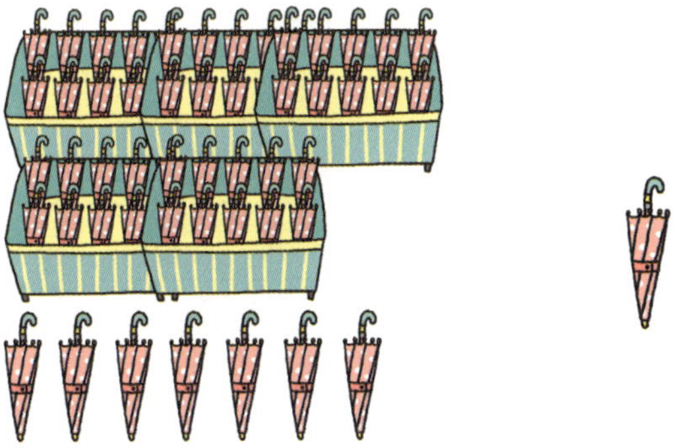

☐☐ + ☐☐ = ☐☐

세로셈으로 더해요

세로셈을 할 때는 일의 자리, 십의 자리끼리 줄을 맞추어 세로로 더합니다.

세로셈으로 계산할 때에는 자리를 잘 맞추어야 해요!

십의 자리	일의 자리
2	3
+	4
2	7

그대로 내려 씁니다

3+4=7

2 0
이십

7
칠

2 7
이십칠

1

```
   4 1
 + 5
 ─────
```

```
   5 3
 + 1
 ─────
```

2

```
   5 1
 + 6
 ─────
```

```
   2 7
 + 2
 ─────
```

3 23 + 44   83 + 12

일의 자리끼리 더하고, 십의 자리끼리 더하면 돼요.

4 55 + 44   43 + 22

5 63 + 12   73 + 15

6 18 + 41   24 + 33

 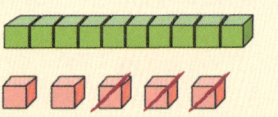

15 − 3은 일의 자리의 수 5에서 3을 빼서 쓰고 십의 자리의 수 1은 그대로 씁니다.

| 1 | 5 | − | | 3 | = | 1 | 2 |

지우고 남은 십 모형과 낱개 모형이 각각 몇 개인지 알아보세요.

1

| 1 | 6 | − | | 2 | = | | |

2

| 1 | 7 | − | | 2 | = | | |

3 두 수를 뺀만큼 수모형을 그려 보세요.

2 6 − ☐ 5 = ☐☐

4

2 8 − ☐ 4 = ☐☐

5

1 8 − ☐ 5 = ☐☐

6 30 − 10 = ☐☐

💬 (몇십)−(몇십)을 계산할 때에는 10개씩 묶음의 수끼리 뺄셈을 해요.

7 40 − 10 = ☐☐

8 50 − 20 = ☐☐

9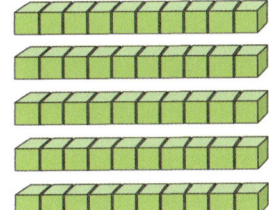

5 0 − 3 0 = ☐☐

10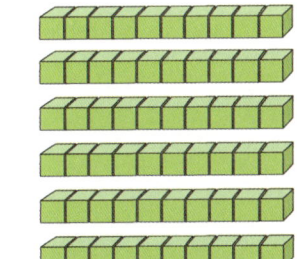

6 0 − 1 0 = ☐☐

11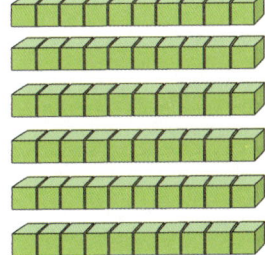

6 0 − 2 0 = ☐☐

5 몇 개일까요

사탕이 10개씩 1묶음과 낱개 6개가 있는데, 낱개 2개를 먹었어요.
낱개만 2개 줄었으니 사탕은 10개와 4개가 있어 모두 14개이지요.

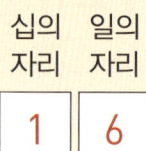

십의 자리	일의 자리		십의 자리	일의 자리		십의 자리	일의 자리
1	6	−		2	=	1	4

1

| 1 | 5 | − | | 3 | = | | |

2

| 1 | 5 | − | | 4 | = | | |

3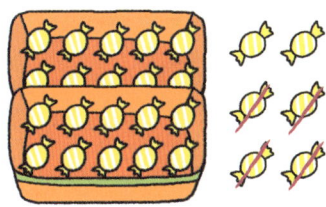

2 6 — ☐ 4 = ☐ ☐

4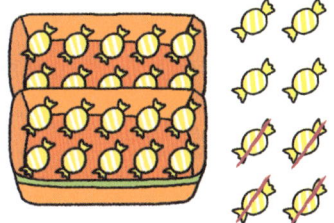

2 8 — ☐ 4 = ☐ ☐

5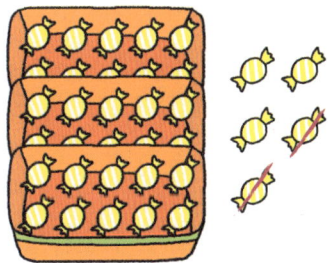

3 5 — ☐ 2 = ☐ ☐

6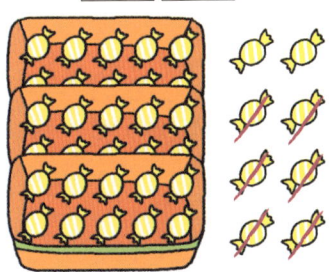

3 8 — ☐ 6 = ☐ ☐

사탕이 10개씩 2묶음과 낱개 6개가 있는데, 10개씩 1묶음과 낱개 4개를 친구에게 주었어요. 그러면 10개씩 묶음은 2개에서 1개, 낱개는 6개에서 2개가 됩니다. 따라서 사탕은 10+2, 즉 12개 남았습니다.

10개씩 묶음 : 2개 − 1개 ➡ 1개 ➡ 10
낱개   : 6개 − 4개 ➡ 2개 ➡ 2
                                      12

7 25−12

10개씩 묶음 : 2개 − 1개 ➡ ☐개 ➡ ☐☐
낱개   : 5개 − 2개 ➡ ☐개 ➡ ☐☐
                                      ☐☐

8 35−14

10개씩 묶음 : 3개 − 1개 ➡ ☐개 ➡ ☐☐

낱개 　　 : 5개 − 4개 ➡ ☐개 ➡ ☐☐

☐☐

9 37−24

10개씩 묶음 : 3개 − 2개 ➡ ☐개 ➡ ☐☐

낱개 　　 : 7개 − 4개 ➡ ☐개 ➡ ☐☐

☐☐

10 25−13

10개씩 묶음 : 2개 − 1개 ➡ ☐개 ➡ ☐☐

낱개 　　 : 5개 − 3개 ➡ ☐개 ➡ ☐☐

☐☐

6 세로셈으로 빼요

세로셈을 할 때는 일의 자리, 십의 자리끼리 줄을 맞추어 세로로 뺍니다.

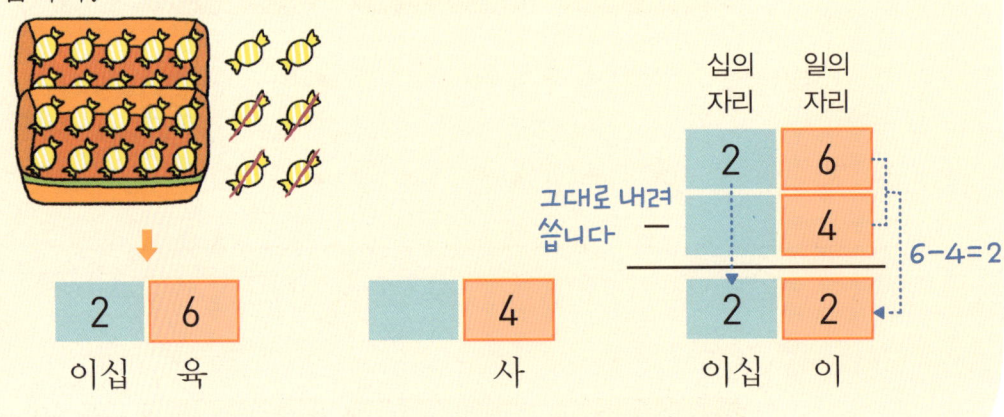

1

```
    5 3
  -   1
  -----
```

```
    5 6
  -   2
  -----
```

2

```
    3 7
  -   5
  -----
```

```
    1 3
  -   1
  -----
```

3 75 − 13 =   　　 23 − 11 =

일의 자리끼리 빼고, 십의 자리끼리 빼면 돼요.

4 43 − 12 =   　　 57 − 15 =

5 24 − 12 =   　　 48 − 17 =

6 47 − 16 =   　　 63 − 23 =

1 계산 결과가 맨 위의 숫자와 같도록 빈칸에 알맞은 수를 쓰세요.

①
9
3+☐
4+☐
5+☐
6+☐
7+☐

② 37
22+☐
24+☐
26+☐
31+☐
35+☐

③ 5
9−☐
8−☐
7−☐
6−☐
5−☐

④ 6
99−☐
88−☐
76−☐
46−☐
37−☐

2 다음을 계산하세요.

세 수의 계산은 앞에서부터 두 수씩 차례로 계산해요.

❶ 2+4+3=

❷ 2+5+1=

❸ 9−4=

❹ 8−5=

❺
```
    6 4
+   1 2
-------
```

❻
```
    4 5
+   3 4
-------
```

❼
```
    4 8
−   3 1
-------
```

❽
```
    5 6
−   1 1
-------
```

❾
```
    2 4
+   1 1
-------
```

❿
```
    5 0
+   1 5
-------
```

3 각각의 모양들이 어떤 숫자를 나타내는지 쓰세요.

❶ ☆+☆=4

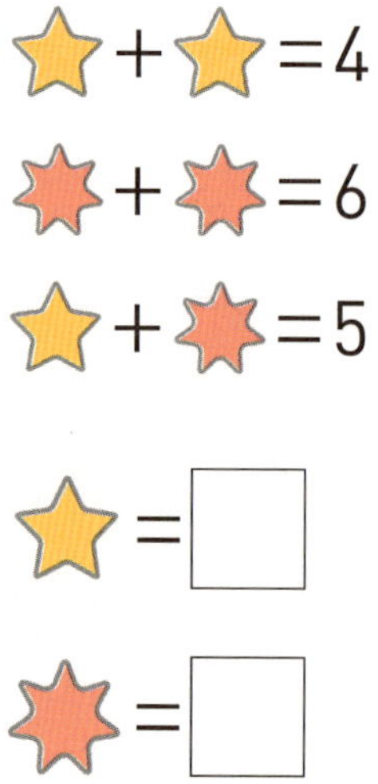

✶+✶=6

☆+✶=5

☆=☐

✶=☐

❷ ●+■=9

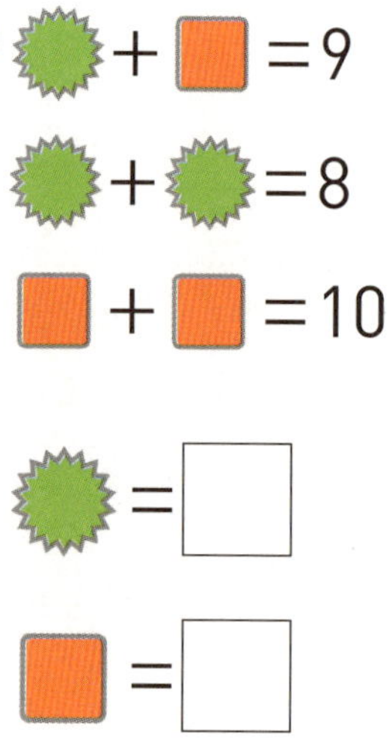

●+●=8

■+■=10

●=☐

■=☐

❸ ◆+◆=4

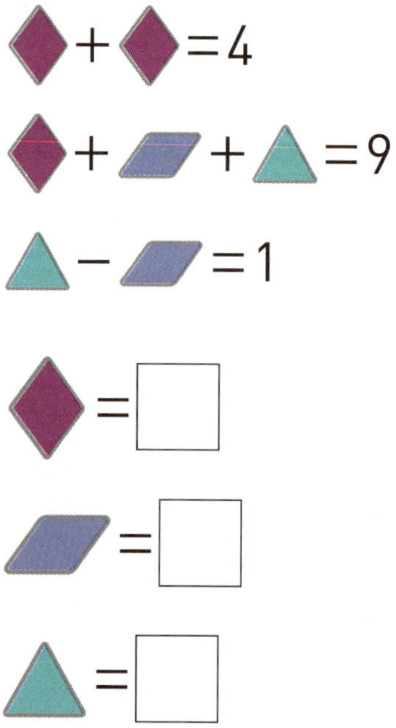

◆+▱+▲=9

▲−▱=1

◆=☐

▱=☐

▲=☐

❹ ⬭+⬡=9

⬭−⬡=5

⬡+★=6

⬭=☐

⬡=☐

★=☐

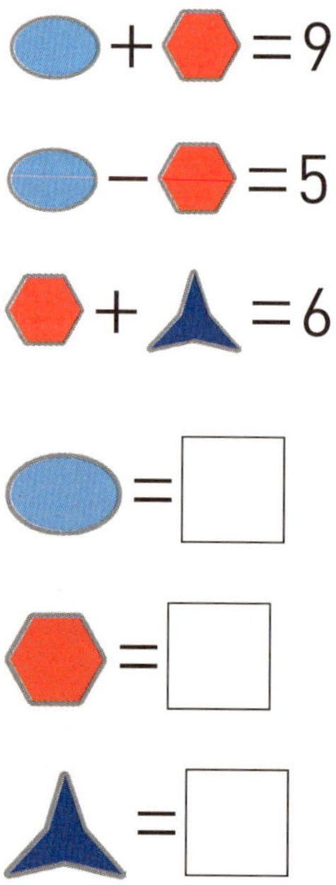

4 덧셈 계단을 완성하세요.

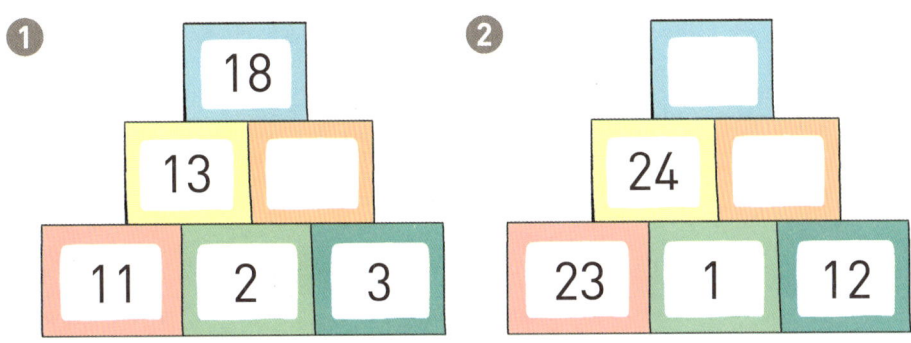

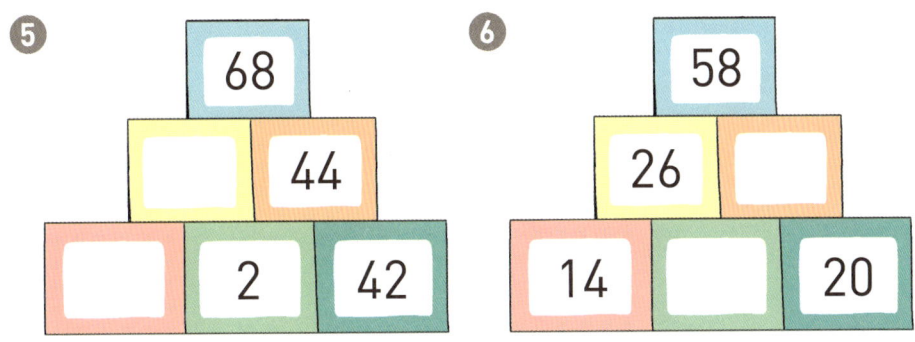

5 아프리카 코끼리는 현재 땅 위에 살고 있는 동물 중에서 가장 큽니다. 수컷은 몸무게가 7톤이고 암컷은 수컷보다 2톤 가볍습니다. 또한 수컷의 어깨높이는 3~4m에 이릅니다.
인도 수컷 코끼리는 몸무게가 5톤이고, 어깨높이는 3m입니다.

❶ 아프리카 수컷 코끼리 두 마리의 무게를 더하면 몇 톤입니까?
(   )

❷ 아프리카 수컷 코끼리 한 마리와 암컷 코끼리 한 마리의 무게를 더하면 몇 톤입니까? (   )

❸ 아프리카 수컷 코끼리 한 마리와 인도 수컷 코끼리 한 마리의 무게를 더하면 몇 톤입니까? (   )

❹ 인도 수컷 코끼리의 어깨 위에 앉은키가 1m인 사람이 앉았습니다. 높이는 몇 m입니까? (   )

6 학생들이 한반도 신석기 시대의 모습이 그대로 보존된 곳을 가려고 합니다. 가려고 하는 곳은 어디일까요? 아래 계산을 한 후, 수에 해당되는 글자를 찾아 써 보세요.

22	59	39

56	4	21

```
   2 8         2 5         1 4
 + 3 1       + 3 1       + 2 5
 ─────       ─────       ─────
   사          유          동

   2 9         3 6         5 7
 - 2 5       - 1 4       - 3 6
 ─────       ─────       ─────
   적          암          지
```

숫자놀이 1 육각형 덧셈을 해요

다음 규칙에 맞게 아래 빈칸을 채워 보세요.

육각형 안에서
'1 더하기 3은 4입니다'
라고 읽습니다.

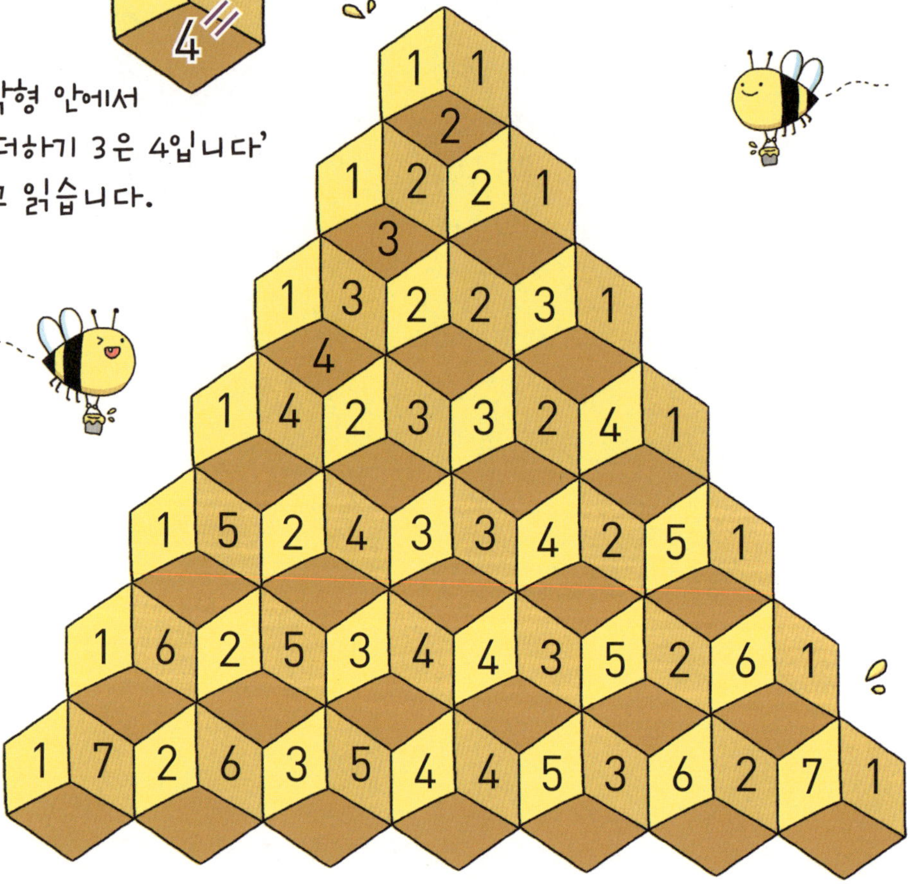

숫자놀이 2 육각형 뺄셈을 해요

다음 규칙에 맞게 아래 빈칸을 채워 보세요.

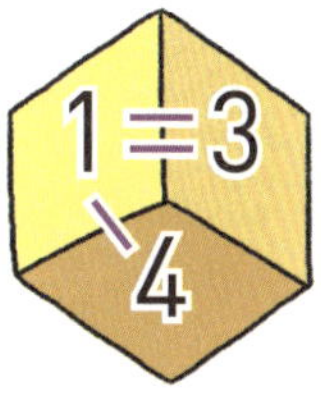

육각형 안에서
'4빼기 1은 3입니다.'
라고 읽습니다.

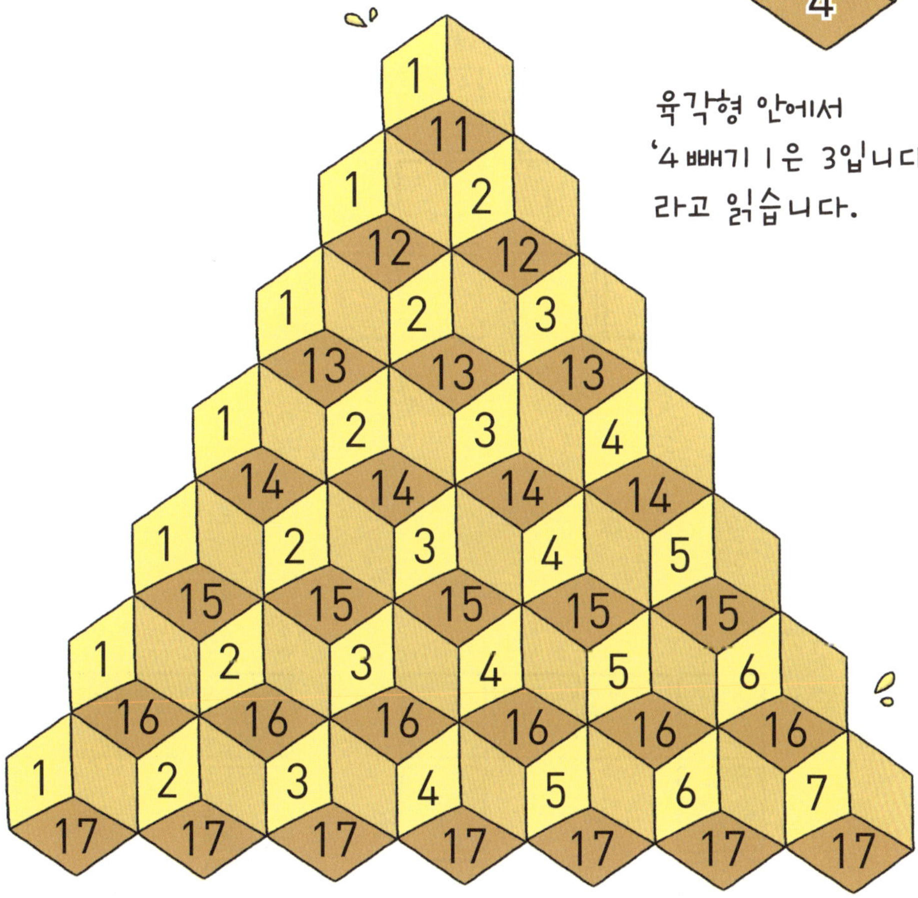

합을 맞춰요

각 변의 세 수의 합이 가운데 수와 같도록 0부터 9까지의 수를 써 보세요.

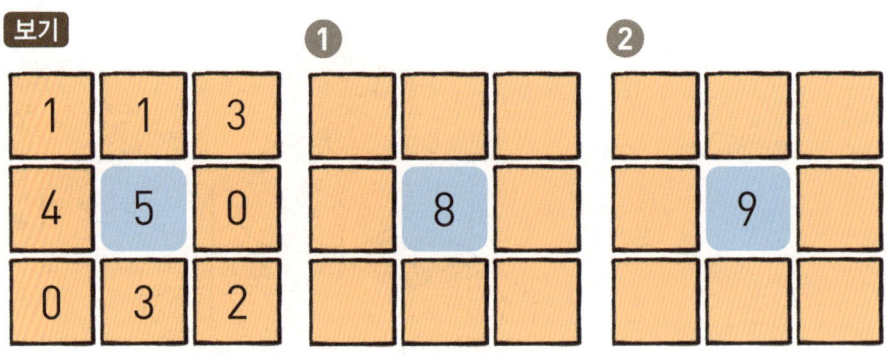

각 변의 네 수의 합이 가운데 수와 같도록 0부터 9까지의 수를 써 보세요.

숫자놀이 4 직선으로 곡선을 그려요

다음 규칙에 따라 자를 대고 직선을 그려보세요.
어떤 모양이 생길까요?

❶ 빨간색 수와 파란색 수의 합이 10이 되도록 점을 이어 보세요.

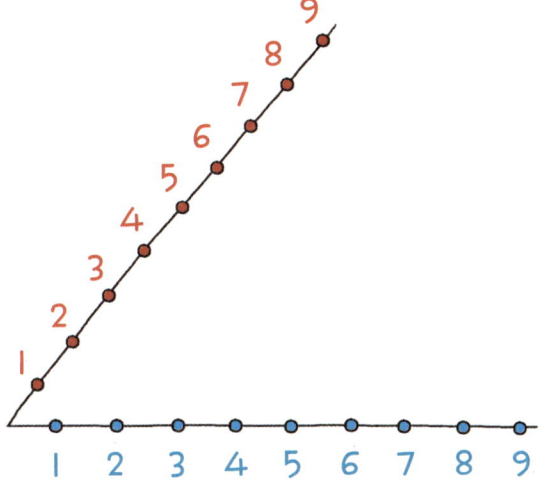

❷ 큰 수에서 작은 수를 뺄 때 4가 되는 점들을 이어 보세요.

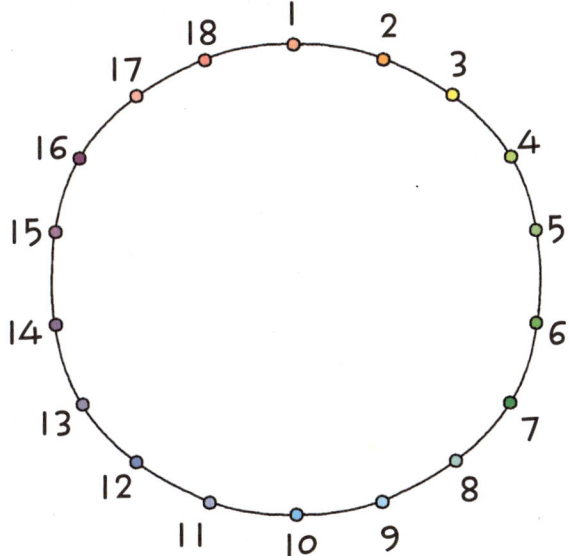

3 받아 올리고 내리고

받아올림이 있는 덧셈

더해서 10보다 클 때는 더해지는 수가 10이 되도록 더하는 수를 갈라 더하면 쉬워요. 7+4는 아래와 같이 4를 3과 1로 갈라 더합니다.

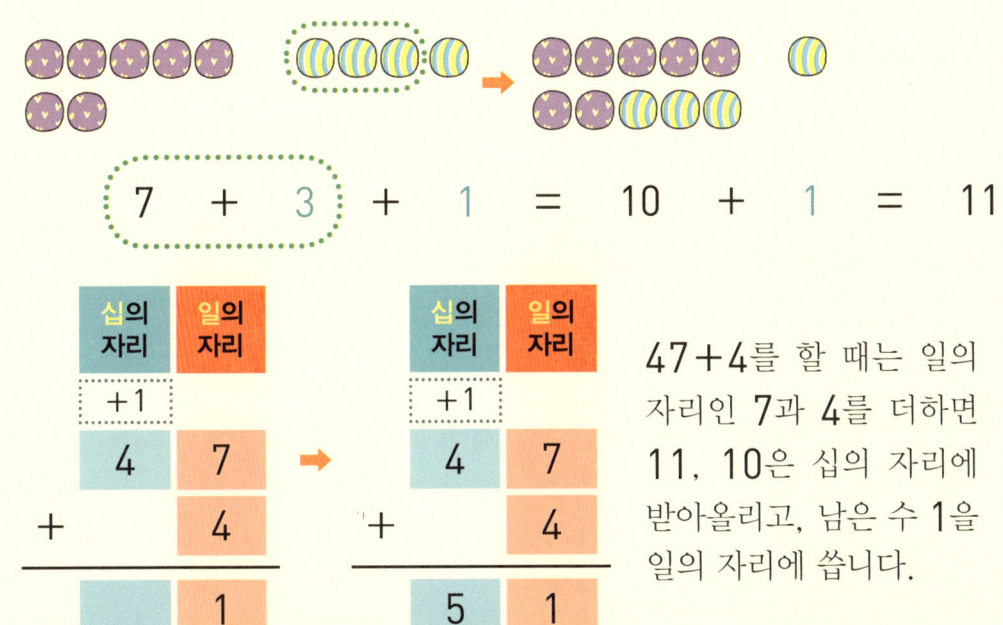

(7 + 3) + 1 = 10 + 1 = 11

47+4를 할 때는 일의 자리인 7과 4를 더하면 11. 10은 십의 자리에 받아올리고, 남은 수 1을 일의 자리에 씁니다.

받아내림이 있는 뺄셈

빼는 수의 일의 자리의 숫자가 더 크면 십의 자리에서 1을 받아내립니다. 십의 자리에서 십 1개를 받아내리면 10이 되어 일의 자리는 16-7=9가 되고 십의 자리는 3이 됩니다.

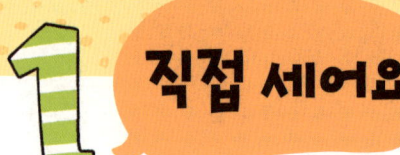

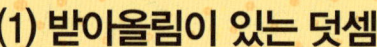 **(1) 받아올림이 있는 덧셈**

7, 8, 9, 10, 11, 12, …

수를 순서대로 쓸 때 다음 수는 바로 앞의 수보다 1씩 커집니다.
즉, 7+1=8, 8+1=9, 9+1=10, 10+1=11, 11+1=12, …

○ 8보다 1 큰 수, 8보다 2 큰 수를 알아봅시다.

1 8+1은 8보다 1 큰 수입니다. 8+1=☐입니다.

5, 6, 7, 8, 9, 10, 11

2 8+2는 8보다 2 큰 수입니다. 8+2=☐입니다.

5, 6, 7, 8, 9, 10, 11

● 7에 어떤 수를 더한 수를 알아봅시다.

3 7+1은 7보다 1 큰 수입니다. 7+1=☐ 입니다.

5, 6, 7, 8, 9, 10, 11

4 7+2는 7보다 2 큰 수입니다. 7+2=☐ 입니다.

5, 6, 7, 8, 9, 10, 11

5 7+3은 7보다 3 큰 수입니다. 7+3=☐ 입니다.

5, 6, 7, 8, 9, 10, 11

6 7+4는 7보다 4 큰 수입니다. 7+4=☐ 입니다.

5, 6, 7, 8, 9, 10, 11

● 6에 어떤 수를 더한 수를 알아봅시다.

7 6+3은 6보다 3 큰 수입니다. 6+3=☐ 입니다.

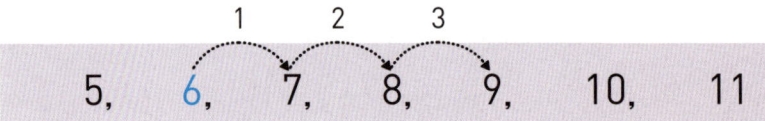

8 6+4는 6보다 4 큰 수입니다. 6+4=☐ 입니다.

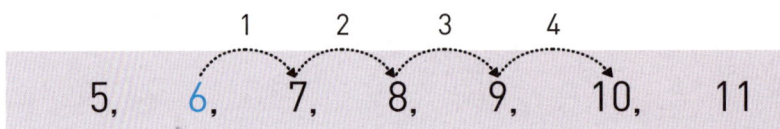

9 6+5는 6보다 5 큰 수입니다. 6+5=☐ 입니다.

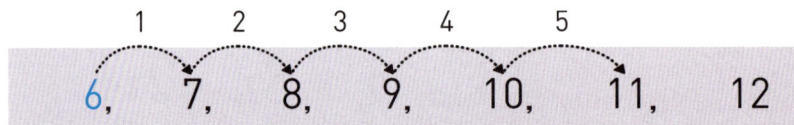

10 6+6은 6보다 6 큰 수입니다. 6+6=☐ 입니다.

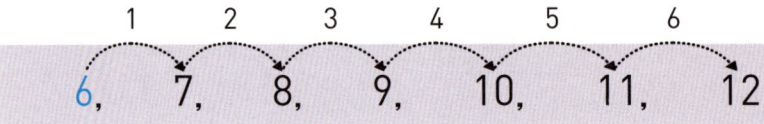

● 9에 어떤 수를 더한 수를 알아봅시다.

11 9+1은 9보다 1 큰 수입니다. 9+1=☐입니다.

9, 10, 11, 12, 13, 14

12 9+2는 9보다 2 큰 수입니다. 9+2=☐입니다.

9, 10, 11, 12, 13, 14

13 9+4는 9보다 4 큰 수입니다. 9+4=☐입니다.

9, 10, 11, 12, 13, 14

14 9+5는 9보다 5 큰 수입니다. 9+5=☐입니다.

9, 10, 11, 12, 13, 14

10을 만들어요

더하고 뺄 때는 10이 매우 중요합니다. 먼저 더해서 10이 되는 수들을 알아봅시다. 'ㅂ'은 3개, 'ㄷ'은 7개로 모두 10개 있습니다. 3과 7은 더하면 10입니다.

ㅂ은 3 개 있습니다.

ㄷ은 7 개 있습니다.

1 'ㅅ'은 6개, 'ㅋ'은 4개로 모두 10개 있습니다.

ㅅ은 ☐ 개 있습니다.

ㅋ은 ☐ 개 있습니다.

2 자동차가 모두 10대 있습니다.

🚗 은 ☐ 대 있습니다.

🚙 은 ☐ 대 있습니다.

3 연필이 모두 10자루 있습니다.

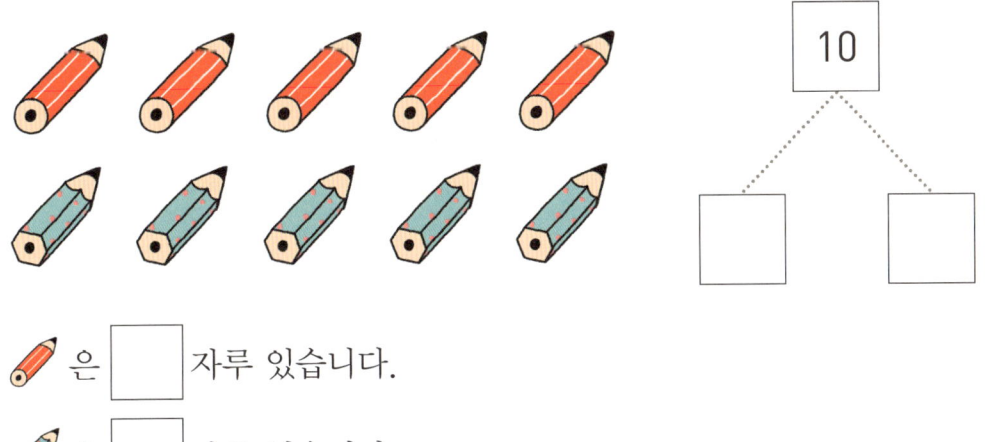

✏️ 은 ☐ 자루 있습니다.

✏️ 은 ☐ 자루 있습니다.

○ 더하여 10이 되는 수를 알아봅시다. 빈칸에 어떤 수가 들어갈까요?
덧셈식을 써 보세요.

4 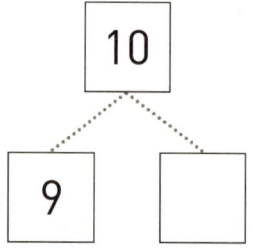 $9 + \boxed{} = 10$

5 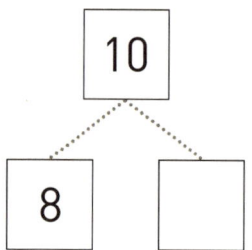 $8 + \boxed{} = 10$

주어진 수에 얼마를 더하면 10이 되는지 알아보세요~.

6 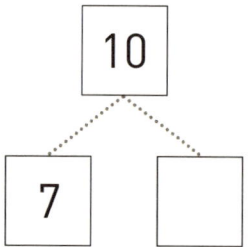 $7 + \boxed{} = 10$

7 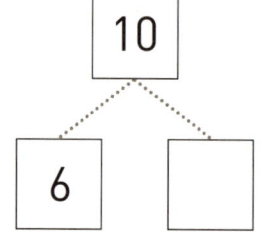 $6 + \boxed{} = 10$

● 더하여 10이 되는 수를 알아봅시다. 파란색과 노란색의 덧셈식을 써 보세요.

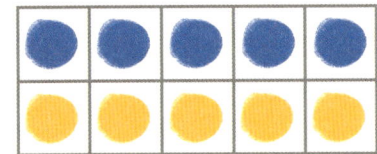

$5 + \boxed{} = 10$

9

$\boxed{} + \boxed{} = 10$

10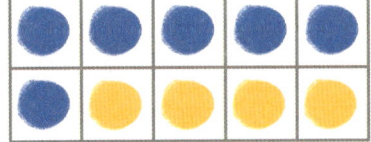

$\boxed{} + \boxed{} = 10$

11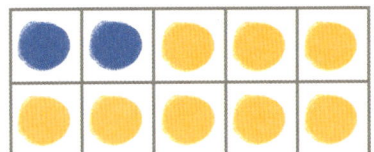

$\boxed{} + \boxed{} = 10$

3 세 수에서의 덧셈

수를 더할 때는 순서를 바꾸어 더해도 됩니다.

세 수를 더할 때, 더해서 10이 되는 두 수를 먼저 더하면 계산이 편합니다.

9+3+1에서 9와 1을 먼저 더하면 10이고, 10에 3을 더하면 13입니다.

9 + 3 + 1 = 10 + 3 = 13

1. 8 + 2 + 4 = 10 + ☐ = ☐☐

2. 6 + 1 + 4 = 10 + ☐ = ☐☐

3. 7 + 3 + 5 = 10 + ☐ = ☐☐

○ 합이 10이 되는 두 수를 먼저 더하여, 다음 세 수의 합을 구하세요.

4 6 + 4 + 5
= □ + 5
= □

3 + 7 + 2
= □ + 2
= □

5 1 + 9 + 4
= □ + 4
= □

5 + 5 + 4
= □ + 4
= □

6 4 + 6 + 7
= □ + 7
= □

2 + 8 + 9
= □ + 9
= □

7 7 + 3 + 6
= □ + 6
= □

9 + 1 + 7
= □ + 7
= □

● 합이 10이 되는 두 수를 로 묶어 먼저 더한 후, 나머지 수를 더하여 세 수의 합을 구하세요.

8　(4, 3, 6)　10+ ☐ = ☐　　(5, 2, 5)　10+ ☐ = ☐

9　(7, 3, 2)　10+ ☐ = ☐　　(6, 3, 4)　10+ ☐ = ☐

10　(9, 2, 8)　10+ ☐ = ☐　　(5, 3, 7)　10+ ☐ = ☐

11　(8, 2, 6)　10+ ☐ = ☐　　(1, 3, 9)　10+ ☐ = ☐

○ 세 수 중에서 합이 10이 되는 두 수를 먼저 더한 후, 나머지 수를 더하여 다음 세 수의 합을 구하세요.

12 (4 + 6) + 5 = ☐   (3 + 4 + 7) = ☐

13 5 + 5 + 3 = ☐   5 + 6 + 5 = ☐

14 3 + 7 + 5 = ☐   2 + 7 + 8 = ☐

15 8 + 6 + 2 = ☐   4 + 4 + 6 = ☐

16 9 + 1 + 5 = ☐   7 + 3 + 7 = ☐

17 1 + 6 + 9 = ☐   4 + 6 + 9 = ☐

수직선에서 더해요

수직선에서 두 수의 합이 10보다 크게 될 때는 먼저 10까지 가고, 남은 수만큼 더 가세요.

7 + 4 = 10 + 1 = 11

3   1

4 5 6 ⑦ 8 9 10 ☆ 12 13 14

1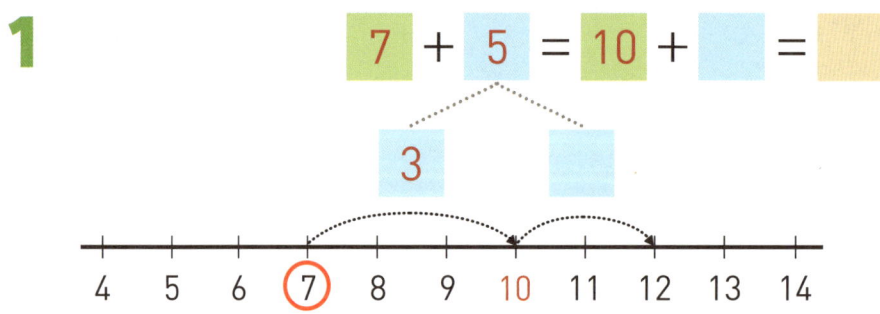

7 + 5 = 10 + ☐ = ☐

3 ☐

4 5 6 ⑦ 8 9 10 11 12 13 14

2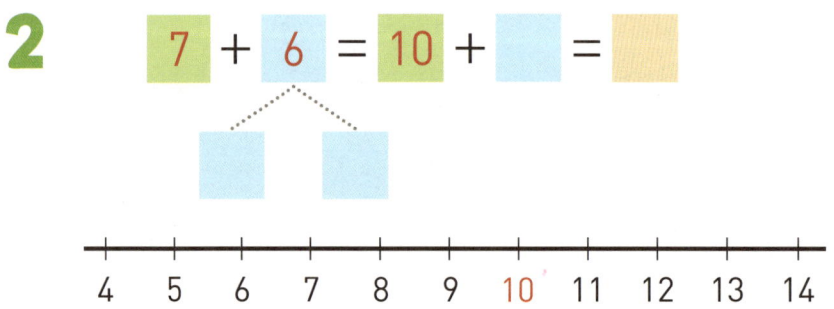

7 + 6 = 10 + ☐ = ☐

4 5 6 7 8 9 10 11 12 13 14

3 6 + 5 = 10 + ☐ = ☐

6 7 8 9 10 11 12 13 14 15 16

4 7 + 5 = 10 + ☐ = ☐

6 7 8 9 10 11 12 13 14 15 16

5 8 + 5 = 10 + ☐ = ☐

6 7 8 9 10 11 12 13 14 15 16

6 9 + 5 = 10 + ☐ = ☐

6 7 8 9 10 11 12 13 14 15 16

7   9 + 7 = 10 + ☐ = ☐

8   9 + 4 = 10 + ☐ = ☐

9   9 + 9 = 10 + ☐ = ☐

10   9 + 2 = 10 + ☐ = ☐

11 8 + 3 = 10 + ☐ = ☐

8 9 10 11 12 13 14 15 16 17 18

12 8 + 7 = 10 + ☐ = ☐

8 9 10 11 12 13 14 15 16 17 18

13 8 + 5 = 10 + ☐ = ☐

8 9 10 11 12 13 14 15 16 17 18

14 8 + 6 = 10 + ☐ = ☐

8 9 10 11 12 13 14 15 16 17 18

일 10개는 십 1개로

8과 더해서 10이 되는 수는 2입니다.
5를 2와 3으로 갈라서 8과 2를 먼저 더한 다음 10에 나머지 수 3을 더합니다.

일 10개는 십 1개와 같아요~.

8 + 5 ➡ 10과 3 ➡

십의 자리	일의 자리
1	3

2 3

1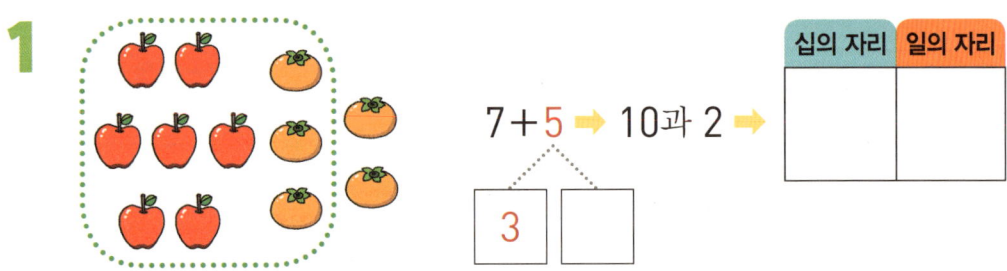

7 + 5 ➡ 10과 2 ➡

십의 자리	일의 자리

3

2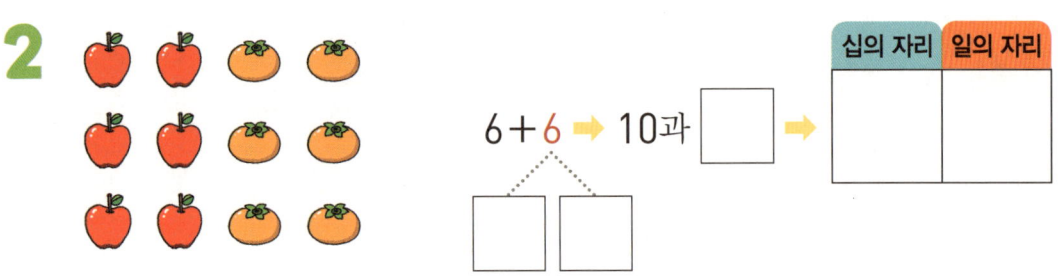

6 + 6 ➡ 10과 ☐ ➡

십의 자리	일의 자리

3 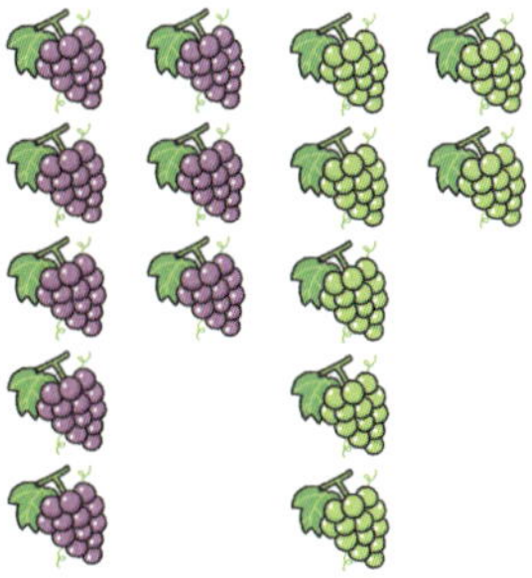   8 + 7 ➡ 10과 ☐ ➡ | 십의 자리 | 일의 자리 |
| --- | --- |
| | |

4 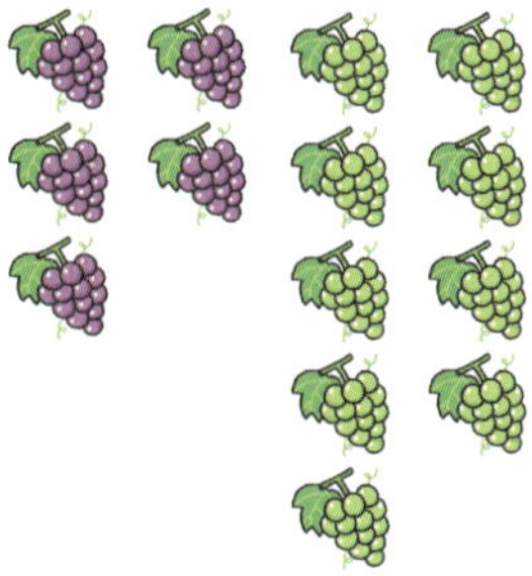   5 + 9 ➡ 10과 ☐ ➡ | 십의 자리 | 일의 자리 |
| --- | --- |
| | |

5 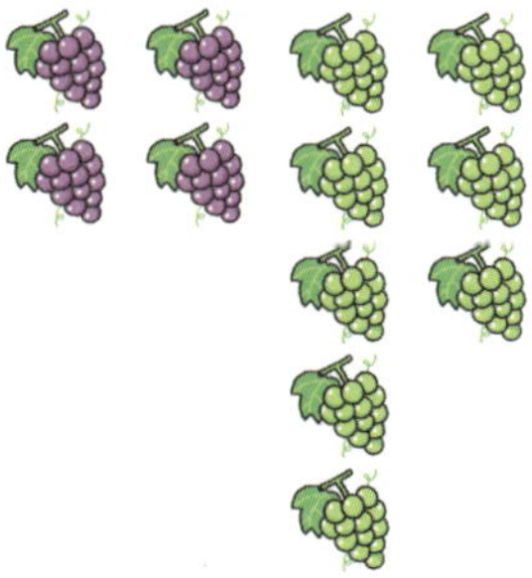   4 + 8 ➡ 10과 ☐ ➡ | 십의 자리 | 일의 자리 |
| --- | --- |
| | |

6 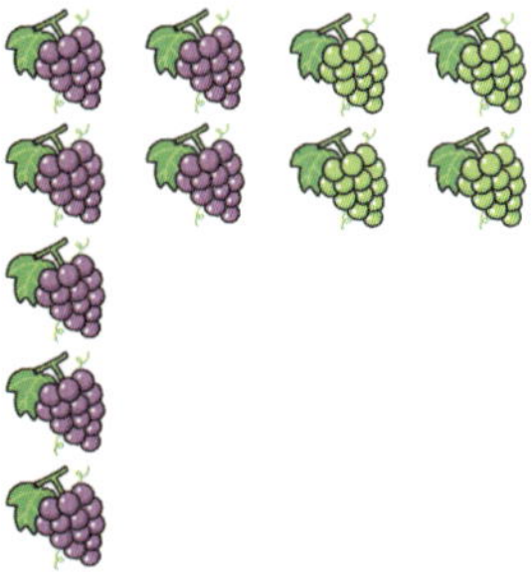   7 + 4 ➡ 10과 ☐ ➡ | 십의 자리 | 일의 자리 |
| --- | --- |
| | |

세로셈으로 더해요

합이 10보다 크게 되는 계산은 세로셈이 편해요.
먼저 일의 자리 6과 7을 더하면 13입니다.
이렇게 10이 넘으면 3을 일의 자리에 쓰고
10은 십의 자리에 1로 받아올림해요.

일의 자리의 수 6과 7을 더하면 13,
1은 십의 자리로 받아올리고
남은 3은 일의 자리에 씁니다.

	십의 자리	일의 자리
	1	
	4	6
+		7
	5	3

1

	십의 자리	일의 자리
	1	
	4	8
+		6

	십의 자리	일의 자리
	4	9
+		7

	십의 자리	일의 자리
	4	9
+		8

2

	십의 자리	일의 자리
	5	2
+		9

	십의 자리	일의 자리
	5	3
+		8

	십의 자리	일의 자리
	5	4
+		9

3

십의 자리	일의 자리
7	4
+	7

십의 자리	일의 자리
7	4
+	9

십의 자리	일의 자리
7	6
+	7

4

십의 자리	일의 자리
3	6
+	7

십의 자리	일의 자리
3	6
+	8

십의 자리	일의 자리
3	6
+	9

5

십의 자리	일의 자리
8	4
+	7

십의 자리	일의 자리
8	5
+	9

십의 자리	일의 자리
8	7
+	9

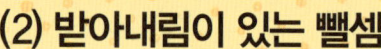

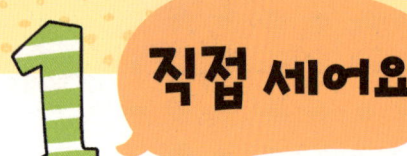

7, 8, 9, 10, 11, 12, …

수를 거꾸로 세어 내려가면 다음 수는 바로 앞의 수보다 1씩 작아집니다.

즉, 12-1=11, 11-1=10, 10-1=9, 9-1=9,
    8-1=7, …

○ 11보다 1 작은 수, 2 작은 수를 알아봅시다.

1 11-1은 11보다 1 작은 수입니다. 11-1=☐ 입니다.

7, 8, 9, 10, 11, 12, 13

2 11-2는 11보다 2 작은 수입니다. 11-2=☐ 입니다.

7, 8, 9, 10, 11, 12, 13

○ 12에서 어떤 수를 뺀 수를 알아봅시다.

3 12−1은 12보다 1 작은 수입니다. 12−1=☐입니다.

7, 8, 9, 10, 11, 12, 13

4 12−2는 12보다 2 작은 수입니다. 12−2=☐입니다.

7, 8, 9, 10, 11, 12, 13

5 12−3은 12보다 3 작은 수입니다. 12−3=☐입니다.

7, 8, 9, 10, 11, 12, 13

6 12−4는 12보다 4 작은 수입니다. 12−4=☐입니다.

7, 8, 9, 10, 11, 12, 13

○ 13에서 어떤 수를 뺀 수를 알아봅시다.

7 13-1은 13보다 1 작은 수입니다. 13-1=☐ 입니다.

7, 8, 9, 10, 11, 12, 13

8 13-2는 13보다 2 작은 수입니다. 13-2=☐ 입니다.

7, 8, 9, 10, 11, 12, 13

9 13-3은 13보다 3 작은 수입니다. 13-3=☐ 입니다.

7, 8, 9, 10, 11, 12, 13

10 13-4는 13보다 4 작은 수입니다. 13-4=☐ 입니다.

7, 8, 9, 10, 11, 12, 13

○ 수를 빼어봅시다.

11 15-3은 15보다 3 작은 수입니다. 15-3=☐ 입니다.

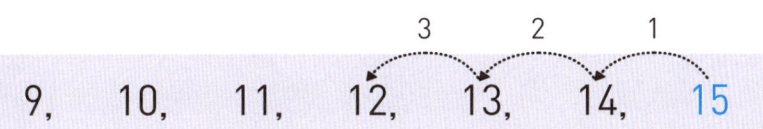

9,   10,   11,   12,   13,   14,   15

12 15-6은 15보다 6 작은 수입니다. 15-6=☐ 입니다.

9,   10,   11,   12,   13,   14,   15

13 14-6은 14보다 6 작은 수입니다. 14-6=☐ 입니다.

6,   8,   10,   12,   14,   16,   18

14 16-8은 16보다 8 작은 수입니다. 16-8=☐ 입니다.

6,   8,   10,   12,   14,   16,   18

몇십 빼기 몇

몇십에서 몇을 뺄 때는 일의 자리의 계산을 먼저 합니다.

12 − 2 = 10

12에서 2를 뺄 때는 일의 자리의 숫자끼리 먼저 뺍니다. 2−2=0이므로 일의 자리에 0을 씁니다.
그 다음에 십의 자리에 그대로 1을 씁니다.

1 14 − 4 = ☐   15 − 5 = ☐

2 16 − 6 = ☐   42 − 2 = ☐

3 24 − 4 = ☐   46 − 6 = ☐

○ 다음 뺄셈을 하세요.

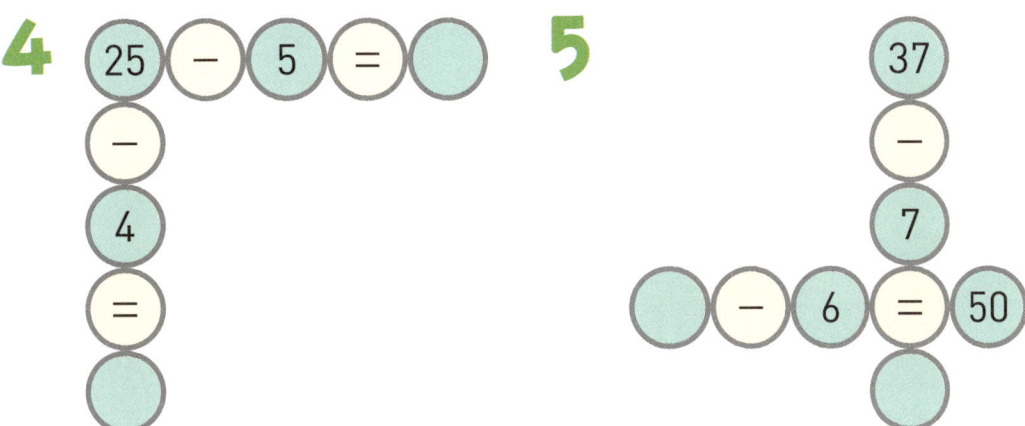

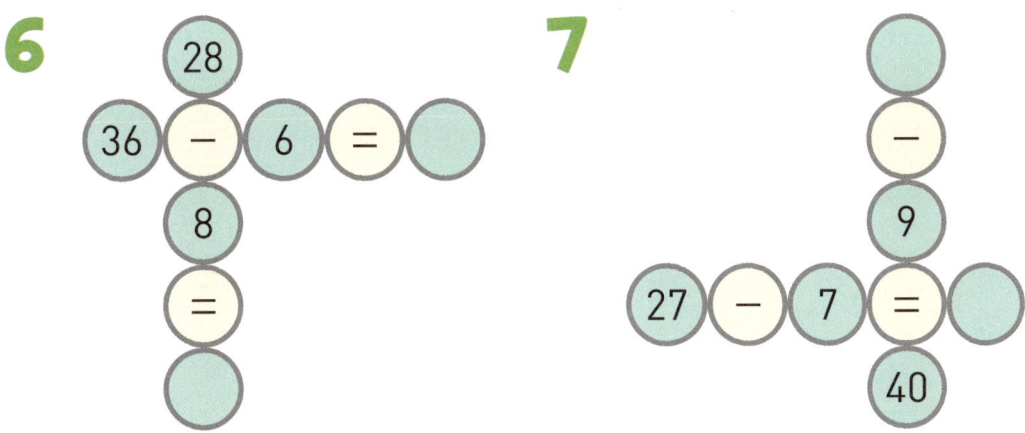

세 수에서의 뺄셈

몇십에서 몇을 뺄 때, 일의 자리끼리 뺄 수 있는 수를 먼저 빼세요. 11−1−3에서는 11−1을 먼저 계산해서 10, 여기서 다시 3을 빼서 7이 됩니다.

11 − 1 − 3 = 10 − 3 = 7

1 14 − 4 − 2 = 10 − ☐ = ☐

2 15 − 5 − 6 = 10 − ☐ = ☐

3 17 − 3 − 7 = 10 − ☐ = ☐

○ 빼서 10이 되는 두 수를 먼저 빼면서, 다음 세 수의 뺄셈을 하세요.

4 16 − 6 − 5
= ☐ − 5
= ☐

17 − 7 − 6
= ☐ − 6
= ☐

17에서 7도 빼고 6도 뺍니다.

5 18 − 8 − 2
= ☐ − 2
= ☐

19 − 9 − 8
= ☐ − 8
= ☐

6 15 − 6 − 5
= ☐ − 6
= ☐

14 − 8 − 4
= ☐ − 8
= ☐

14에서 8을 먼저 빼는 것보다 4를 먼저 빼어 10을 만든 후, 10에서 다시 8을 빼는 것이 쉬워요.

7 12 − 2 − 5
= ☐ − ☐
= ☐

13 − 6 − 3
= ☐ − ☐
= ☐

● 위의 수에서 아래 두 수를 빼어 봅시다. 빼서 10이 되는 수를 ⬭로 묶어 먼저 뺀 후, 10에서 남은 수를 빼세요.

8 (14, 3, 4)   14 − 4 − 3 = 10 − ☐ = ☐   (15, 2, 5)   15 − 5 − 2 = 10 − ☐ = ☐

9 (17, 7, 2)   17 − 7 − 2 = 10 − ☐ = ☐   (16, 6, 4)   16 − 6 − 4 = 10 − ☐ = ☐

10 (19, 2, 9)   19 − 9 − 2 = 10 − ☐ = ☐   (13, 3, 7)   13 − 3 − 7 = 10 − ☐ = ☐

11 (18, 2, 8)   18 − 8 − 2 = 10 − ☐ = ☐   (12, 2, 8)   12 − 2 − 8 = 10 − ☐ = ☐

● 일의 자리끼리 빼면 10이 되는 두 수를 먼저 계산한 후, 10에서 남은 수를 빼세요.

12 (14 − 4) − 5 = ☐   (13 − 4) − 3 = ☐

13 15 − 5 − 6 = ☐   16 − 6 − 8 = ☐

14 12 − 2 − 1 = ☐   13 − 3 − 7 = ☐

15 18 − 6 − 8 = ☐   14 − 9 − 4 = ☐

16 11 − 1 − 8 = ☐   17 − 3 − 7 = ☐

17 12 − 2 − 9 = ☐   15 − 9 − 5 = ☐

수직선에서 빼요

수직선에서 어떤 수를 뺄 때에는 먼저 10까지 오고, 남은 수만큼 빼세요.

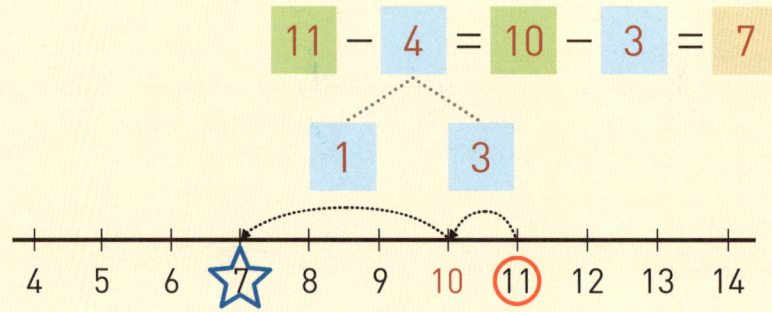

1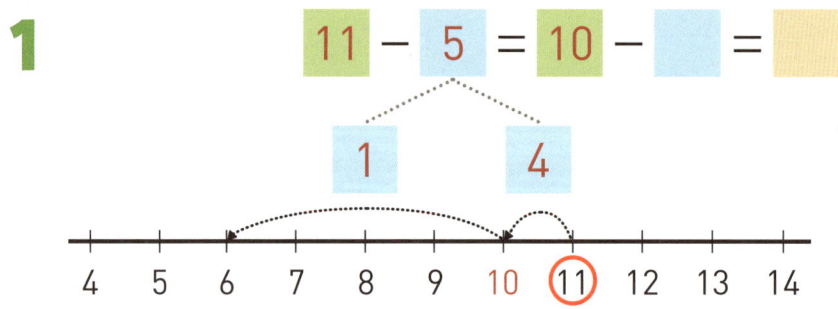

2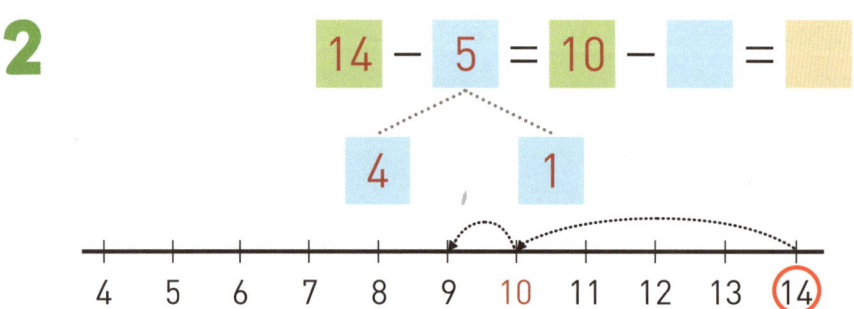

3 14 − 6 = 10 − ▢ = ▢
     4   2

|—|—|—|—|—|—|—|—|—|—|—|
 4 5 6 7 8 9 10 11 12 13 14

4 14 − 7 = 10 − ▢ = ▢
     4   3

|—|—|—|—|—|—|—|—|—|—|—|
 4 5 6 7 8 9 10 11 12 13 14

5 14 − 8 = 10 − ▢ = ▢
     ▢   ▢

|—|—|—|—|—|—|—|—|—|—|—|
 4 5 6 7 8 9 10 11 12 13 14

6 14 − 9 = 10 − ▢ = ▢
     ▢   ▢

|—|—|—|—|—|—|—|—|—|—|—|
 4 5 6 7 8 9 10 11 12 13 14

7 12 − 3 = 10 − ☐ = ☐

8 12 − 5 = 10 − ☐ = ☐

9 12 − 6 = 10 − ☐ = ☐

10 12 − 7 = 10 − ☐ = ☐

11

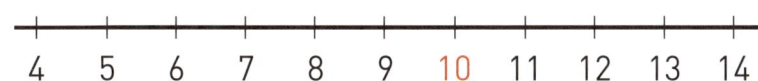

12

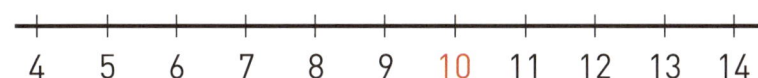

13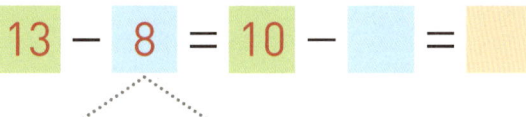

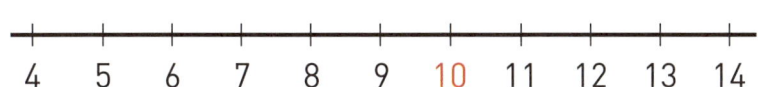

14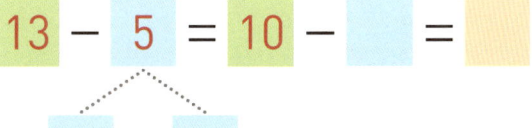

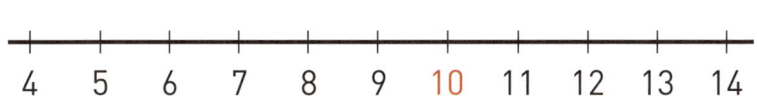

 **십 1개는 일 10개로**

10에서 어떤 수를 뺄 때는 먼저 10을 두 수로 가릅니다.

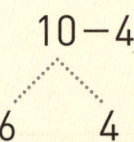 →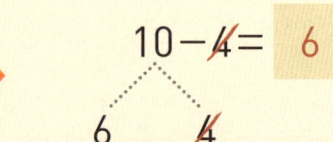

10에서 4를 뺄 때는　　　　4에서 4를 빼고
10을 6과 4로 갈라요.　　　남은 6을 쓰세요.

1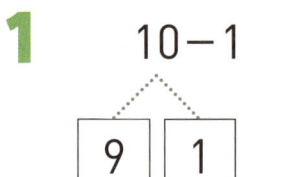

2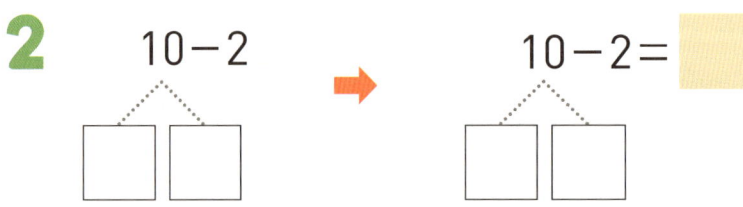

3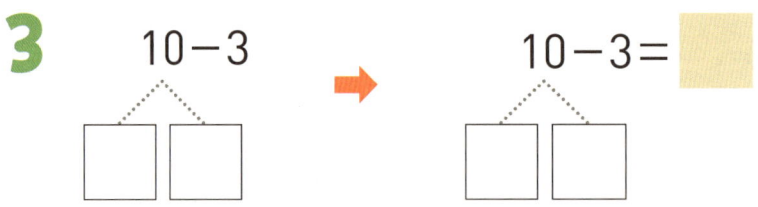

4 10−5 ➡ 10−5=☐

5 10−6 ➡ 10−6=☐

6 10−7 ➡ 10−7=☐

7 10−8 ➡ 10−8=☐

8 10−9 ➡ 10−9=☐

10개씩 1묶음을 낱개 10개로 바꾸어 빼면 됩니다.

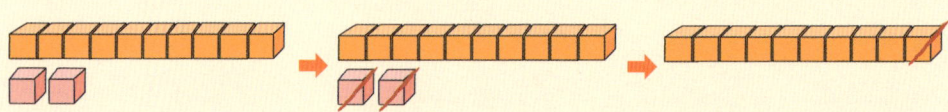

12에서 3을 뺄 때는 3을 2와 1로 갈라요.

12에서 2를 빼면 10이 남습니다.

10에서 1을 빼어 9라고 쓰세요.

9   12−5 = 12−2−3 = 10−3=☐

10   12−7 = 12−☐−☐ = 10−☐=☐

11 24 − 6 = 24 − ☐ − ☐ = 20 − ☐ = ☐

12 23 − 4 = 23 − ☐ − ☐ = 20 − ☐ = ☐

13 34 − 9 = 34 − ☐ − ☐ = 30 − ☐ = ☐

14 13 − 8 = 13 − ☐ − ☐ = 10 − ☐ = ☐

 # 세로셈으로 빼요

빼는 수의 일의 자리의 숫자가 더 크면 십의 자리에서 받아내려야 해요.
십의 자리에서 십 1개를 받아내리면 10이 됩니다.

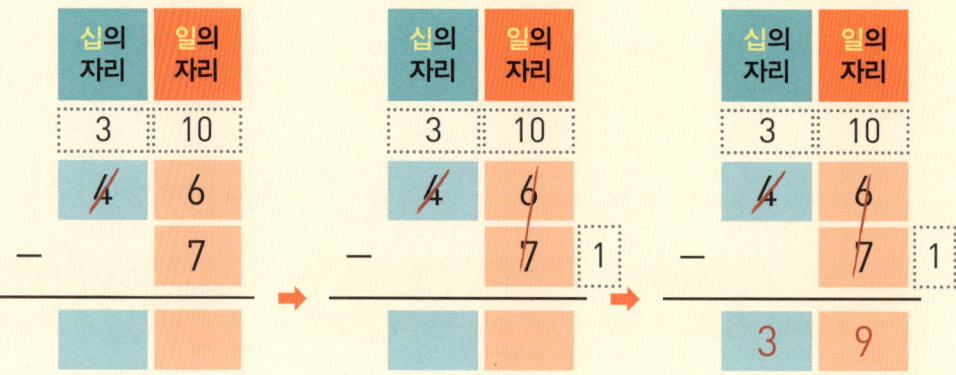

십의 자리에서 1을 받아내리면 10이 됩니다.

빼는 수 7에서 6만 빼고 1은 남깁니다.

받아내린 10에서 1을 빼어 9라고 씁니다. 십의 자리에는 3이라고 씁니다.

1

2
십의 자리	일의 자리
	10
2	5
−	6

3
십의 자리	일의 자리
	10
3	4
−	6

4
십의 자리	일의 자리
	10
1	4
−	6

5
십의 자리	일의 자리
	10
2	7
−	9

6
십의 자리	일의 자리
	10
2	3
−	8

7
십의 자리	일의 자리
	10
2	4
−	7

8
십의 자리	일의 자리
	10
3	7
−	9

9
십의 자리	일의 자리
	10
5	1
−	4

10
십의 자리	일의 자리
	10
4	2
−	7

1 다음 덧셈을 하세요.

①   27 + 6

②   58 + 7

③   17 + 8

④   28 + 9

⑤   14 + 8

⑥   82 + 9

⑦   54 + 9

⑧   57 + 8

⑨   57 + 9

2 다음 뺄셈을 하세요.

❶ 52 − 9

❷ 53 − 8

❸ 54 − 9

❹ 17 − 9

❺ 27 − 8

❻ 14 − 9

❼ 28 − 19

❽ 54 − 38

❾ 46 − 28

3 다음은 덧셈의 계단입니다. 빈칸에 알맞은 수를 쓰세요.

①

②

4 그림에서 사각형 한 칸의 넓이는 1입니다. 주어진 수가 써있는 칸을 포함하는 사각형의 넓이가 그 수만큼 되도록 사각형을 그려 보세요. 사각형을 겹쳐 그려도 됩니다.

예를 들어 13이 써 있는 칸을 포함하는 사각형으로 넓이가 4인 사각형과 넓이가 9인 사각형 두 개를 그렸습니다. 또 17이 써 있는 칸을 포함하는 사각형으로 넓이가 8인 사각형과 넓이가 9인 사각형 두 개를 그렸습니다.

보기

❶ 8, 4, 2

❷ 4, 9

❸ 13, 4, 1

❹ 10, 18

5 우리나라에서 가장 큰 섬인 제주도는 불과 물이 빚어낸 세계적인 화산섬입니다. 동서로 긴 타원형 모양의 섬으로 일주도로 길이 **181km**, 해안선 **258km**입니다. 오름의 왕국이자 나비와 같은 곤충들의 천국이고, 야자수와 돌담이 어우러진 풍경이 색다릅니다.

제주도는 겨울에도 영하로 떨어지는 날이 거의 없는 온대 기후라서 걷기에 매우 좋습니다. 제주올레는 걸어서 여행하는 이들을 위한 길입니다. 올레는 집 대문에서 마을 길까지 이어주는 아주 좁은 골목을 뜻하는 제주어입니다. 검은 현무암으로 쌓은 집으로 가는 골목 올레는 집과 마을을, 나와 세상을 이어주는 길입니다.

1코스	15km
2코스	17km
3코스	22km
4코스	23km
5코스	15km
6코스	14km
7코스	15km
8코스	18km
9코스	9km
10코스	16km
11코스	22km
12코스	18km
13코스	15km
14코스	19km
15코스	19km
16코스	18km

❶ 민수는 어제는 1코스를 걷고, 오늘은 9코스를 걸었습니다. 모두 몇 km를 걸었습니까?　　　　　　　　　　　　(　　　　　　　)

❷ 지영이는 오늘은 4코스를 걸었고, 내일은 10코스를 걸으려고 합니다. 모두 몇 km를 걷게 됩니까?　　　　　　　　　(　　　　　　　)

❸ 수담이는 어제는 3코스를 걷고, 오늘은 14코스를 걸었습니다. 어제는 오늘보다 몇 km를 더 걸었습니까?　　　　(　　　　　　　)

6 고양이가 물이 가득 든 통을 들고 쩔쩔매고 있어요. 어떻게 하면 통을 가볍게 할 수 있을까요? 아래 계산을 한 후, 수에 해당되는 글자를 찾아 써 보세요.

16	31	33
18	23	29

```
  2 8        2 5        1 4
+   5      +   6      +   9
───────    ───────    ───────
  [을]       [멍]        [는]


  2 4        3 6        5 4
-   8      -   7      - 3 6
───────    ───────    ───────
  [구]       [다]        [뚱]
```

왕자의 모습을 되찾아 주세요

출발에서 시작해서 위, 아래, 옆으로만 가서 도착해야 합니다.
지나간 길의 수를 모두 더하여 **53**이 되어야 개구리가 마법이 풀려 왕자로 변할 수 있답니다. 왕자의 원래 모습을 되찾아 주세요.

4	9	7	7	4
8	9	4	5	7
6	6	4	9	9
7	8	8	8	6
5	5	6	5	5

합을 맞춰요

각 변의 세 수의 합이 가운데 수가 되도록 0부터 9까지의 수를 쓰세요.

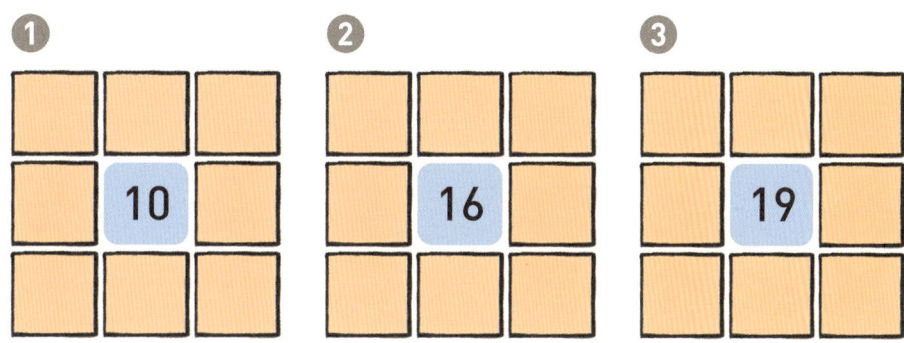

각 변의 네 수의 합이 가운데 수가 되도록 0부터 9까지의 수를 쓰세요.

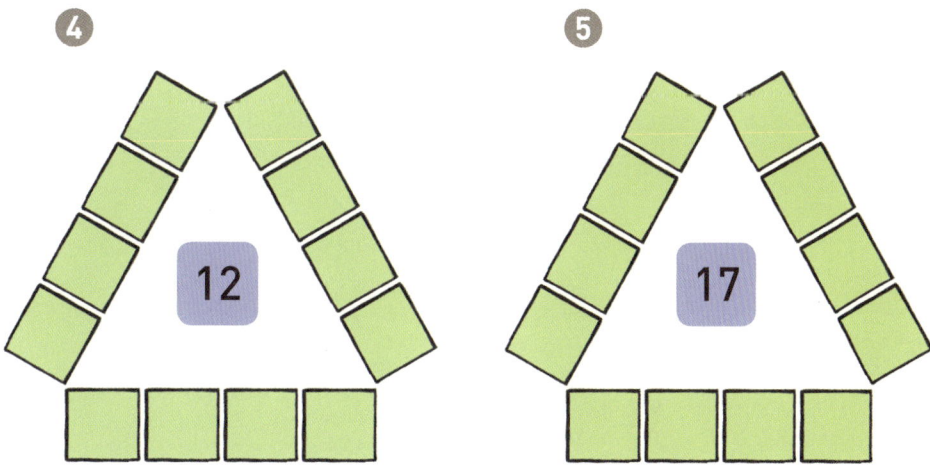

 마법의 숫자를 채워요

❶ 아래 표에서 가로, 세로, 대각선 방향으로 세 수를 더하면 항상 12가 됩니다. 빈칸에 알맞은 수를 쓰세요.

7	0	
2		
		1

❷ 아래 표에서 가로, 세로, 대각선 방향으로 세 수를 더하면 항상 15가 됩니다. 빈칸에 알맞은 수를 쓰세요.

4	9	2
3		7

❸ 아래 표에서 가로, 세로, 대각선 방향으로 세 수를 더하면 항상 24가 됩니다. 빈칸에 알맞은 수를 쓰세요.

14		6
	8	16
	12	

 **마법의 숫자를 채워요**

❶ ◯ 안에 1부터 7까지의 수를 쓰려고 합니다. 모든 선 위에 있는 수의 합이 12가 되도록 수를 쓰세요.

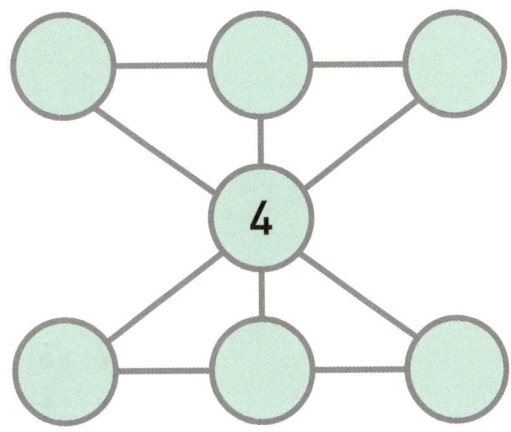

❷ ◯ 안에 1부터 11까지의 수를 쓰려고 합니다. 모든 선 위에 있는 수의 합이 똑같이 되도록 수를 쓰세요.

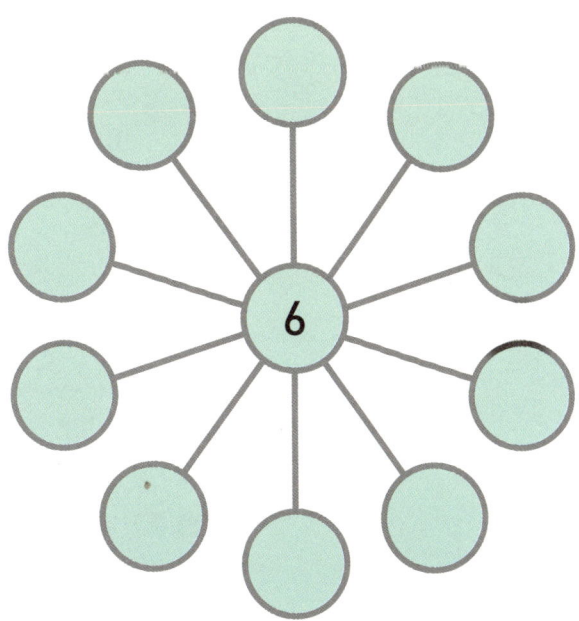

1. 수를 알아요

(1) 묶어 세기

1 9보다 큰 수 | 10쪽

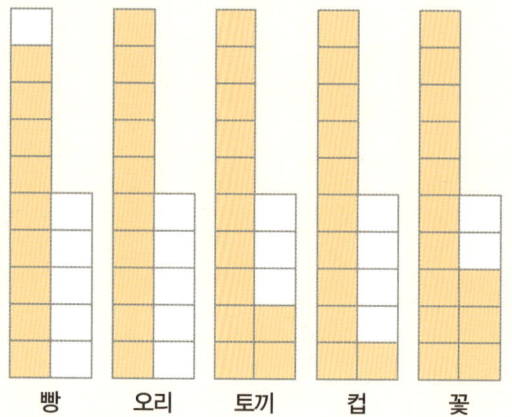

2 10개씩 묶어요 | 12~15쪽

1 30, 6, 36
2 50, 5, 55
3 2, 8, 28
4 3, 2, 32
5 1, 4, 14
6 1, 6, 16
7 2, 5, 25
8 3, 2, 32

(2) 십의 자리, 일의 자리

1 10개씩 묶음과 낱개 | 16~19쪽

1 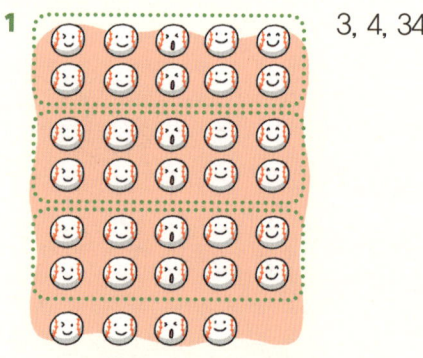 3, 4, 34

2  2, 8, 28

3 34; 십, 30, 일, 4, 3, 4, 34
4 28; 십, 20, 일, 8, 2, 8, 28
5 24, 31
6 67, 15
7 25, 43
8 92, 86
9 50, 4, 54
10 80, 0, 80
11 70, 3, 73
12 60, 2, 62
13 90, 9, 99

2 얼마인가요 | 20~23쪽

1 50, 3, 53; 80, 1, 81
2 20, 5, 25; 70, 2, 72
3 20,
4 40,
5 70
6 80
7 90
8 ㉢
9 ㉠
10 ㉤
11 ㉣
12 ㉡
13 왼쪽 연필에 ○표
14 오른쪽 노트에 ○표
15 왼쪽 볼펜에 ○표
16 왼쪽 줄자에 ○표

3 어느 수가 큰가요 | 24~27쪽

1 42, 35, 35, 42; 35, 42
2 23, 22, 22, 23; 22, 23
3 (1) >, (2) >, (3) <, (4) <
4 (1) 10부터 25까지의 수는 모두 답입니다.
 (2) 18부터 99까지의 수는 모두 답입니다.
 (3) 16, 17, 18, 19는 모두 답입니다.
 (4) 23부터 69까지의 수는 모두 답입니다.
5 8, 12
6 26, 27, 28, 30, 31
7 48, 49, 50, 51, 54
8 80, 81, 88, 89, 90
9 16, 17, 18
10 19, 22, 23
11 29, 30, 32
12 30, 40, 70
13 36, 38, 42
14 20, 30, 35
15 39, 59, 79, 89
16 41, 44

연습문제 | 28~33쪽

1. ❶ 13 ❷ 11 ❸ 16 ❹ 10
2. ❶ 15 ❷ 16
3.

4. ❶ 31 ❷ 42 ❸ 24 ❹ 72
5. ❶ > ❷ < ❸ > ❹ < ❺ < ❻ >
6. ❸ 수담
7. 나는 네 허리띠가 좋아

정답

숫자놀이 | 34~37쪽

1. 나비가 되게 해주세요

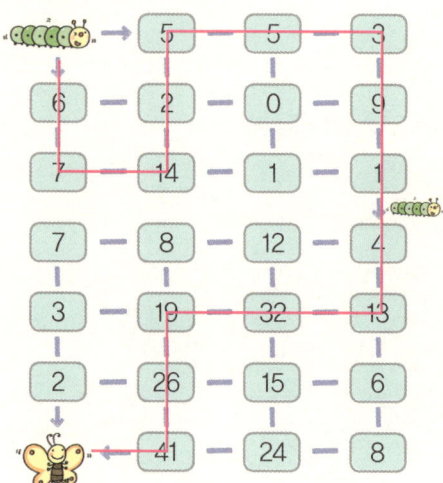

2. 사이좋게 나눠 담아요

10개씩 담아요

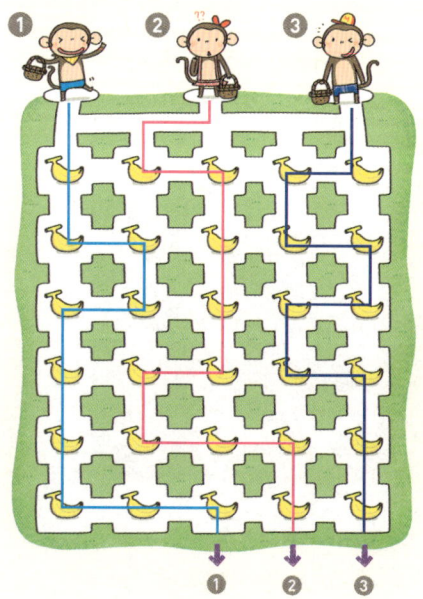

3. 길을 찾아요

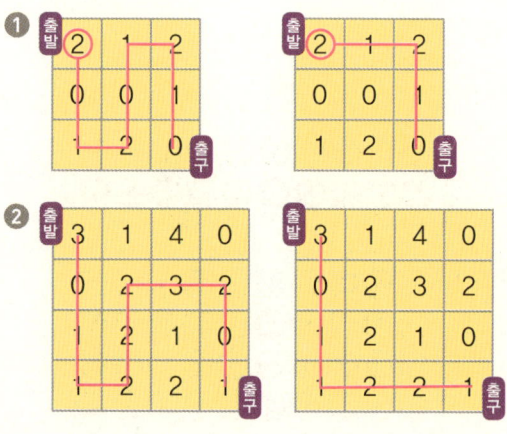

4. 빙글빙글 수가 돌아요

2. 덧셈, 뺄셈 걷기
(1) 한 자리 수의 계산

1 덧셈이란 | 40~43쪽

, 3, 1, 4

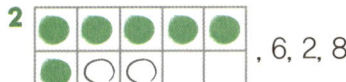, 6, 2, 8

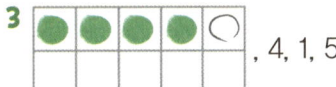, 4, 1, 5

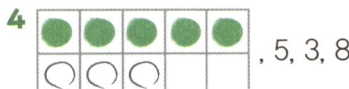, 5, 3, 8

 5,

 6,

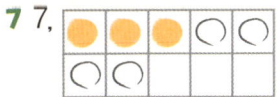 7,

 7,

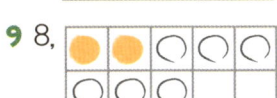 8,

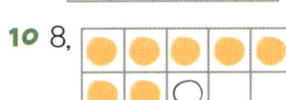 8,

11 9,

12 5
13 4, 3, 7
14 5, 3, 8
15 5, 4, 9
16 6, 2, 8
17 7, 2, 9

2 수직선에서 더해요 | 44~45쪽

1 5
2 5
3 8
4 8
5 6
6 7
7 9

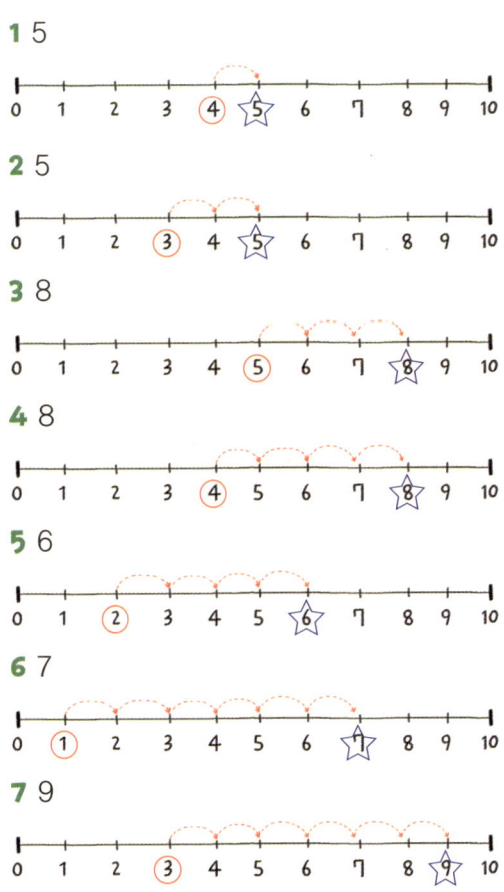

정답

3 뺄셈이란 | 46~49쪽

1 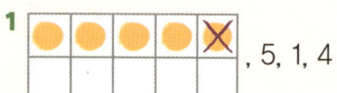, 5, 1, 4

2 , 4, 2, 2

3 , 6, 2, 4

4 , 7, 5, 2

5 6,

6 2,

7 0,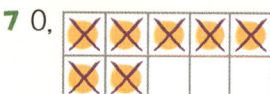

8 1,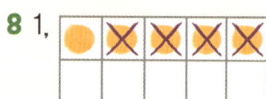

9 4,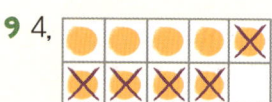

10 1,

11 3,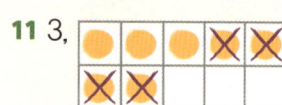

12 8, 3, 5

13 7, 3, 4

14 6, 3, 3

15 6, 4, 2

16 9, 6, 3

17 9, 7, 2

4 수직선에서 빼요 | 50~51쪽

1 3
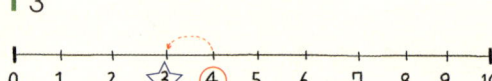

2 5

3 1
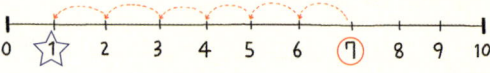

4 4
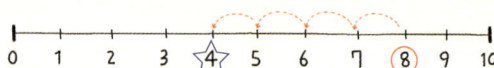

5 5

6 3

7 4
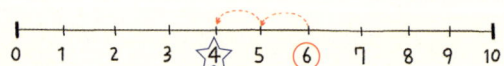

5 덧셈과 뺄셈은 짝꿍 | 52~55쪽

1 7, 4

2 5, 2, 7; 7, 2, 5

3 7, 2

4 8, 5, 3
5 5, 5, 5
6 (위에서부터) 5, 1, 5, 4
7 (위에서부터) 8, 2, 8, 6
8 (위에서부터) 5, 2, 5, 3
9 (위에서부터) 9, 4, 9, 5
10 (위에서부터) 6, 5, 6, 1
11 (위에서부터) 6, 4, 6, 2
12 (위에서부터) 8, 5, 8, 3
13 (위에서부터) 9, 6, 9, 3

(2) 두 자리 수의 계산

1 묶인대로 더해요 | 56~59쪽

1 26
2 16
3 , 27
4 , 18
5 , 28
6 , 30
7 , 30
8 , 40
9 , 50
10 , 50, 30, 80

2 몇 개일까요 | 60~63쪽

1 15
2 30, 4, 34
3 30, 3, 33
4 40, 3, 43
5 20, 5, 25
6 20, 6, 26
7 17
8 23, 6, 29
9 24, 4, 28
10 35, 2, 37
11 34, 3, 37
12 57, 1, 58

3 세로셈으로 더해요 | 64~65쪽

1 46, 54
2 57, 29
3 67, 95
4 99, 65
5 75, 88
6 59, 57

정답

4 묶인대로 빼요 | 66~69쪽

1. 14
2. 15
3. ▨, 21
4. ▨, 24
5. ▨, 13
6. ▨, 20
7. ▨, 30
8. ▨, 30
9. ▨, 20
10. ▨, 50
11. ▨, 40

5 몇 개일까요 | 70~73쪽

1. 12
2. 11
3. 22
4. 24
5. 33
6. 32
7. (위에서부터) 1, 10, 3, 3, 13
8. (위에서부터) 2, 20, 1, 1, 21
9. (위에서부터) 1, 10, 3, 3, 13
10. (위에서부터) 1, 10, 2, 2, 12

6 세로셈으로 빼요 | 74~75쪽

1. 52, 54
2. 32, 12
3. 62, 12
4. 31, 42
5. 12, 31
6. 31, 40

연습문제 | 76~81쪽

1. ❶ 6, 5, 4, 3, 2
   ❷ 15, 13, 11, 6, 2
   ❸ 4, 3, 2, 1, 0
   ❹ 93, 82, 70, 40, 31
2. ❶ 9 ❷ 8 ❸ 5 ❹ 3 ❺ 76 ❻ 79 ❼ 17 ❽ 45 ❾ 35 ❿ 65
3. ❶ 2, 3 ❷ 4, 5 ❸ 2, 3, 4 ❹ 7, 2, 4
4. ❶ 5 ❷ 37, 13 ❸ 39, 17 ❹ 48, 21 ❺ 24, 22 ❻ 32, 12
5. ❶ 14톤 ❷ 12톤 ❸ 12톤 ❹ 4m
6. 암사동 유적지

숫자놀이 | 82~85쪽

1. 육각형 덧셈을 해요

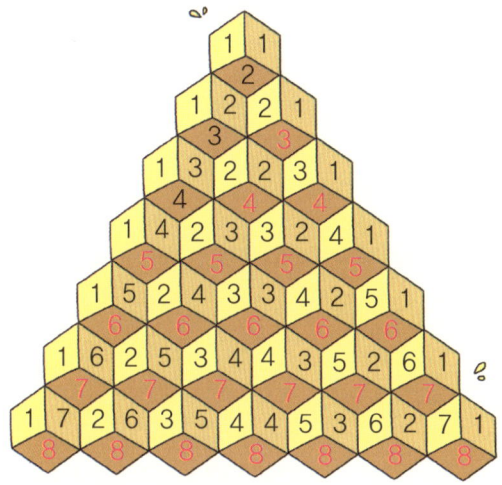

2. 육각형 뺄셈을 해요

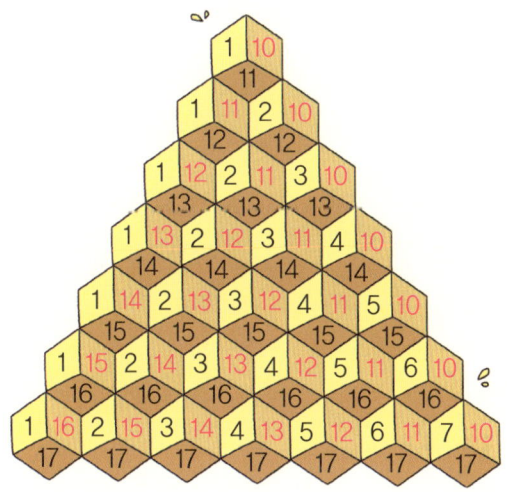

3. 합을 맞춰요 (답이 여러개임)

❸ 예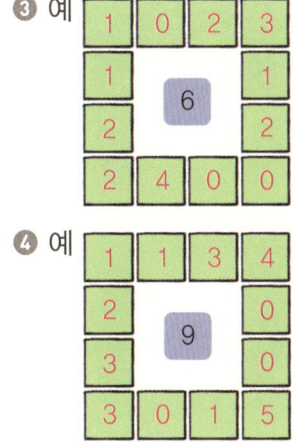

❹ 예

4. 직선으로 곡선을 그려요

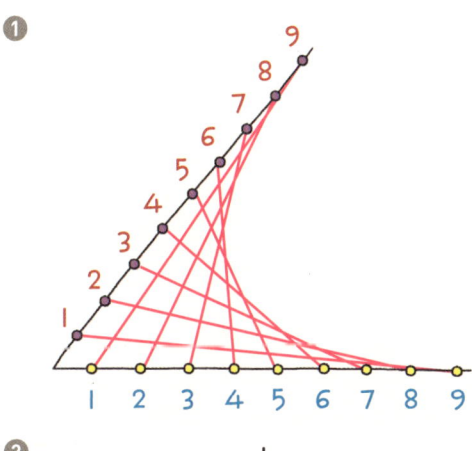

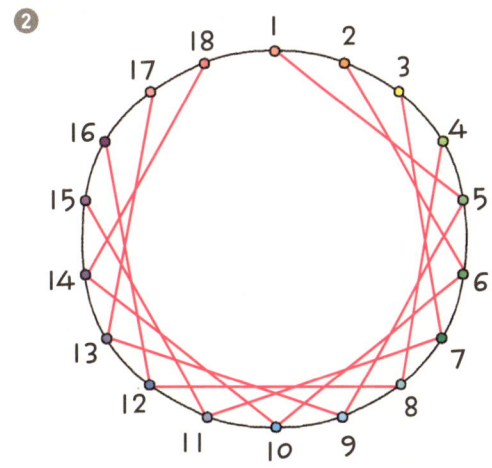

145

정답

3. 받아올리고 내리고
(1) 받아올림이 있는 덧셈

1 직접 세어요 | 88~91쪽

1. 9
2. 10
3. 8
4. 9
5. 10
6. 11
7. 9
8. 10
9. 11
10. 12
11. 10
12. 11
13. 13
14. 14

2 10을 만들어요 | 92~95쪽

1. 6, 4; 6, 4
2. 2, 8; 2, 8
3. 5, 5; 5, 5
4. 1, 1
5. 2, 2
6. 3, 3
7. 4, 4
8. 5
9. 3, 7
10. 6, 4

11. 2, 8

3 세 수에서의 덧셈 | 96~99쪽

1. 4, 14
2. 1, 11
3. 5, 15
4. 10, 15; 10, 12
5. 10, 14; 10, 14
6. 10, 17; 10, 19
7. 10, 16; 10, 17
8.
9.
10. 9, 19; 5, 15
11. 6, 16; 3, 13
12. 15, 14
13. ⑤+⑤+3=13, ⑤+6+⑤=16
14. ③+⑦+5=15, ②+7+⑧=17
15. ⑧+⑥+2=16, 4+④+⑥=14
16. ⑨+①+5=15, ⑦+③+7=17
17. ①+⑥+⑨=16, ④+⑥+9=19

146

4 수직선에서 더해요 | 100~103쪽

1 2, 2, 12
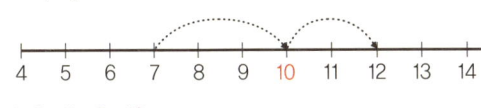

2 3, 3, 3, 13
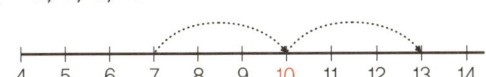

3 4, 1, 1, 11
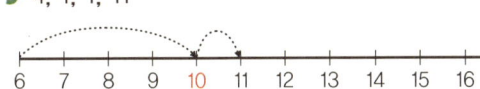

4 3, 2, 2, 12
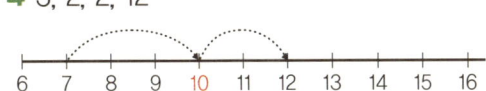

5 2, 3, 3, 13

6 1, 4, 4, 14

7 1, 6, 6, 16
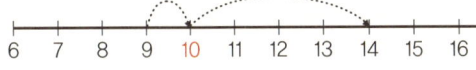

8 1, 3, 3, 13
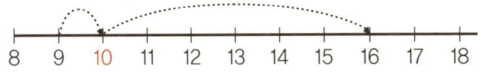

9 1, 8, 8, 18
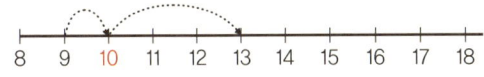

10 1, 1, 1, 11
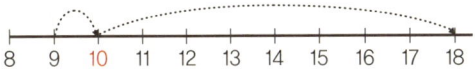

11 2, 1, 1, 11
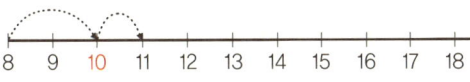

12 2, 5, 5, 15
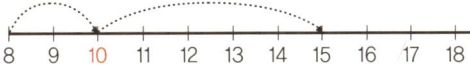

13 2, 3, 3, 13
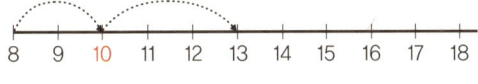

14 2, 4, 4, 14
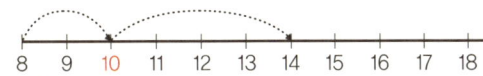

5 일 10개는 십 1개로 | 104~105쪽

1 2, 12

2 예 , 4, 2, 2, 12

3 예 , 2, 5, 5, 15
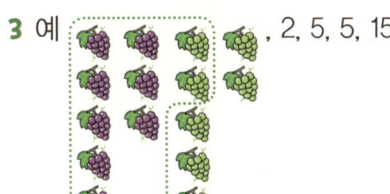

4 예 , 5, 4, 4, 14
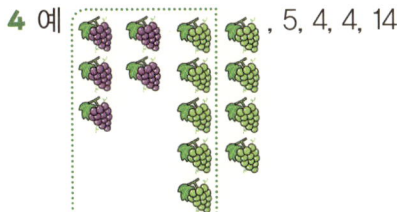

정답

5 예 , 6, 2, 2, 12

6 예 , 3, 1, 1, 11

6 세로셈으로 더해요 | 106~107쪽

1 54, 1, 56, 1, 57
2 1, 61, 1, 61, 1, 63
3 1, 81, 1, 83, 1, 83
4 1, 43, 1, 44, 1, 45
5 1, 91, 1, 94, 1, 96

(2) 받아내림이 있는 뺄셈

1 직접 세어요 | 108~111쪽

1 10
2 9
3 11
4 10
5 9
6 8
7 12
8 11
9 10
10 9
11 12
12 9
13 8
14 8

2 몇십 빼기 몇 | 112~113쪽

1 10, 10
2 10, 40
3 20, 40
4 25 − 5 = ⑳, 25 − 4 = ㉑
5 37 − 7 = ㉚, 56 − 6 = 50
6 36 − 6 = ㉚, 28 − 8 = ⑳
7 27 − 7 = ⑳, ㊾ − 9 = 40

3 세 수에서의 뺄셈 | 114~117쪽

1 2, 8
2 6, 4
3 3, 7
4 10, 5; 10, 4
5 10, 8; 10, 2
6 10, 4; 10, 2
7 10, 5, 5; 10, 6, 4

8 , 3, 7 , 2, 8

9 , 2, 8 , 4, 6

10 , 2, 8 , 7, 3

11 , 2, 8 , 8, 2

12 14 − 4 − 5 = 5, 13 − 4 − 3 = 6

13 15 − 5 − 6 = 4, 16 − 6 − 8 = 2

14 12 − 2 − 1 = 9, 13 − 3 − 7 = 3

15 18 − 6 − 8 = 4, 14 − 9 − 4 = 1

16 11 − 1 − 8 = 2, 17 − 3 − 7 = 7

17 12 − 2 − 9 = 1, 15 − 9 − 5 = 1

4 수직선에서 빼요 | 118~121쪽

1 4, 6

2 1, 9

3 2, 8

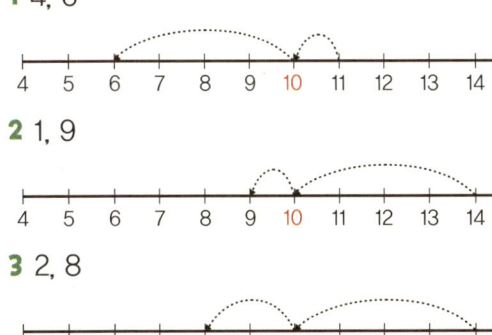

4 3, 7

5 4, 4, 4, 6

6 4, 5, 5, 5

7 2, 1, 1, 9

8 2, 3, 3, 7

9 2, 4, 4, 6

10 2, 5, 5, 5

11 3, 4, 4, 6

12 3, 3, 3, 7

13 3, 5, 5, 5

14 3, 2, 2, 8

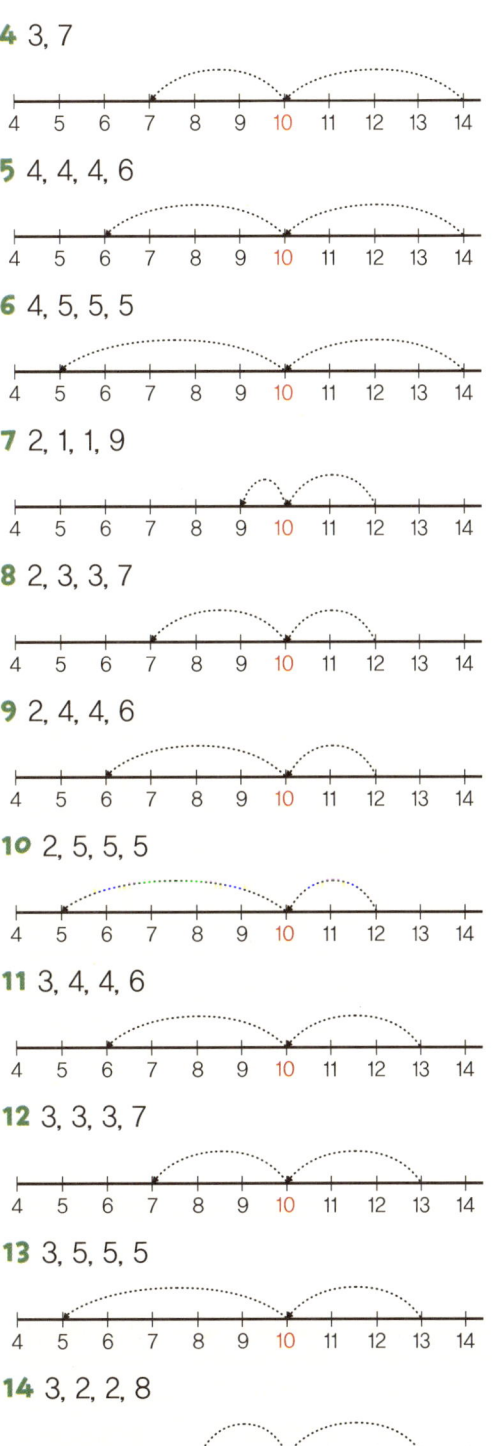

5 십 1개는 일 10개로 | 122~125쪽

1 9

2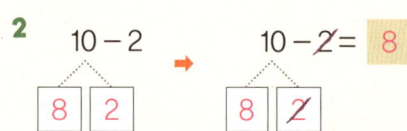

3

4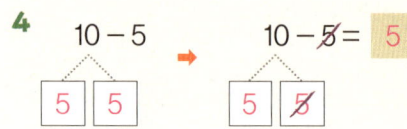

5

6

7

8

9 7

10 2, 5, 5, 5

11 4, 2, 2, 18
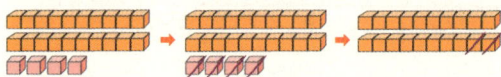

12 3, 1, 1, 19
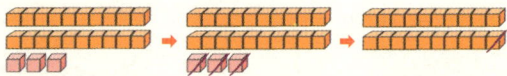

13 4, 5, 5, 25
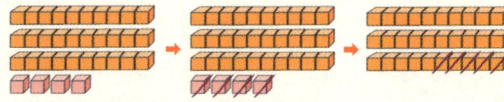

14 3, 5, 5, 5

6 세로셈으로 빼요 | 126~127쪽

1 45
2 1, 1, 19
3 2, 2, 28
4 0, 2, 8
5 1, 2, 18
6 1, 5, 15
7 1, 3, 17
8 2, 2, 28
9 4, 3, 47
10 3, 5, 35

연습문제 | 128~133쪽

1. ❶ 33 ❷ 65 ❸ 25 ❹ 37 ❺ 22 ❻ 91 ❼ 63 ❽ 65 ❾ 66

2. ❶ 43 ❷ 45 ❸ 45 ❹ 8 ❺ 19 ❻ 5 ❼ 9 ❽ 16 ❾ 18

3.

❷

4. 다른 모양도 가능합니다.

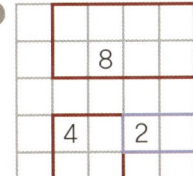

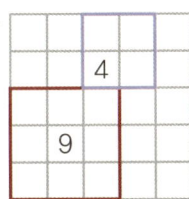

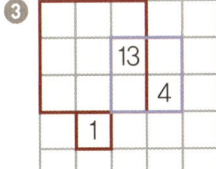

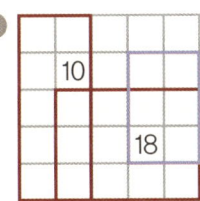

5. ❶ 24km ❷ 39km ❸ 3km

6. 구멍을 뚫는다

숫자놀이 | 134~137쪽

1. 왕자의 모습을 되찾아 주세요

2. 합을 맞춰요 (답이 여러개임)

❶ 예

0	4	6
3	10	2
7	1	2

❷ 예

1	9	6
8	16	6
7	5	4

❸ 예

3	9	7
8	19	7
8	6	5

❹ 예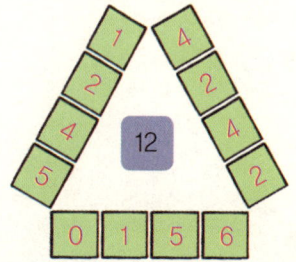

❺ 예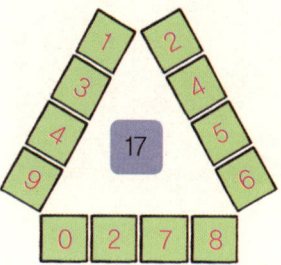

4. 마법의 숫자를 채워요

❶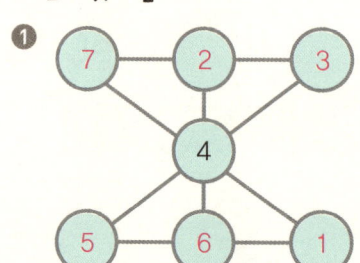

❷

3. 마법의 숫자를 채워요

❶

7	0	5
2	4	6
3	8	1

❷

4	9	2
3	5	7
8	1	6

❸

14	4	6
0	8	16
10	12	2

덧셈·뺄셈 급수 문제

덧셈·뺄셈 **5B급** 맞은 개수 / 10

① 5 + 3 =

② 4 + 2 =

③ 1 + 7 =

④ 3 + 6 =

⑤ 2 + 6 =

⑥ 4 + 5 =

⑦ 5 + 1 =

⑧ 6 + 2 =

⑨ 8 + 1 =

⑩ 7 + 2 =

덧셈·뺄셈 5A급

맞은 개수 /8

| 보기 | 4 = | (2+2) | 1+5 | (3+1) | (1+3) |

① 2 =   5+3   1+1   1+2   2+3

② 3 =   2+3   1+2   2+1   2+4

③ 4 =   1+2   1+3   3+2   2+3

④ 5 =   1+3   2+3   1+4   3+3

⑤ 6 =   3+3   5+1   4+2   2+5

⑥ 7 =   2+3   6+1   5+2   5+3

⑦ 8 =   5+2   6+2   4+4   2+5

⑧ 9 =   5+4   8+1   7+2   5+3

덧셈 · 뺄셈 4B급

맞은 개수 / 10

① $2 + \square = 10$ ② $3 + \square = 10$

③ $5 + \square = 10$ ④ $8 + \square = 10$

⑤ $9 + \square = 10$ ⑥ $7 + \square = 10$

⑦ $10 - \square = 4$ ⑧ $10 - \square = 8$

⑨ $10 - \square = 3$ ⑩ $10 - \square = 2$

덧셈・뺄셈 4A급

맞은 개수 　/ 8

보기　10 = 　2 + 9　　(5 + 5)　　13 − 2　　(14 − 4)

① 　10 = 　1 + 9　　2 + 7　　11 − 1　　12 − 2

② 　10 = 　2 + 8　　4 + 6　　13 − 3　　14 − 3

③ 　10 = 　3 + 7　　5 + 5　　15 − 5　　19 − 1

④ 　10 = 　8 + 2　　2 + 3　　18 − 8　　16 − 4

⑤ 　10 = 　3 + 3　　9 + 1　　17 − 5　　16 − 5

⑥ 　10 = 　4 + 4　　10 + 1　　15 − 2　　13 − 3

⑦ 　10 = 　7 + 2　　8 + 2　　4 + 4　　2 + 5

⑧ 　10 = 　5 + 4　　5 + 6　　17 − 7　　12 − 5

덧셈·뺄셈 3B급

맞은 개수 / 10

① 15 + 5 =

② 4 + 16 =

③ 1 + 79 =

④ 3 + 57 =

⑤ 24 + 6 =

⑥ 45 + 5 =

⑦ 32 + 8 =

⑧ 42 + 8 =

⑨ 83 + 7 =

⑩ 17 + 3 =

덧셈·뺄셈 3A급

보기   20 = (18+2)   21+9   13+3   (15+5)

①   20 = 5+13   11+9   2+18   13+7

②   20 = 12+3   14+6   13+7   15+4

③   30 = 22+8   14+16   18+12   23+6

④   30 = 14+26   12+18   25+5   21+9

⑤   40 = 33+7   28+12   11+19   34+16

⑥   50 = 25+25   16+24   36+14   17+28

⑦   80 = 56+24   18+68   37+23   42+28

⑧   90 = 54+45   36+57   42+48   60+30

덧셈·뺄셈 2B급

맞은 개수 / 10

1. $15 + 8 =$
2. $14 + 7 =$
3. $25 + 7 =$
4. $23 + 9 =$
5. $39 + 14 =$
6. $36 + 25 =$
7. $35 - 8 =$
8. $46 - 7 =$
9. $52 - 9 =$
10. $67 - 9 =$

덧셈·뺄셈 2A급

맞은 개수 /8

보기 23 = (18+5)   22+7   33−3   (31−8)

① 21 = 17+4   20+1   35−14   29−7

② 24 = 18+7   15+9   58−34   32−6

③ 35 = 31+3   28+6   44−9   55−10

④ 36 = 17+9   22+14   43−7   58−32

⑤ 42 = 25+17   12+20   51−8   64−12

⑥ 47 = 33+12   28+19   53−6   80−33

⑦ 53 = 35+18   12+21   61−8   75−22

⑧ 68 = 29+39   33+34   74−6   90−22

덧셈 · 뺄셈 1B급

① 13 + 8 + 4 =

② 16 + 7 + 3 =

③ 23 + 9 + 5 =

④ 45 + 8 + 7 =

⑤ 39 − 5 + 7 =

⑥ 44 + 8 − 7 =

⑦ 45 + 8 − 9 =

⑧ 55 − 6 − 4 =

⑨ 80 − 9 − 5 =

⑩ 40 − 6 − 8 =

덧셈·뺄셈 1A급

맞은 개수 /8

| 보기 | 14 = | 12+3+1 | (9+4+1) | 21−8+4 |

① 4 =   20−16+1   15−9−2   30−28+2

② 8 =   15+8−15   9+6−5   22−17+3

③ 10 = 21−12+9   25−20+5   36−28+2

④ 20 = 27+9−16   15−8+13   50−20−10

⑤ 30 = 24+5+1   18+22−10   52−38+6

⑥ 31 = 25+6−3   40−8−1   22+11−2

⑦ 36 = 20−4+10   40+5−9   24+13−1

⑧ 42 = 32+12−2   25−3+20   36−9+15

5B

| 1 8 | 2 6 | 3 8 | 4 9 | 5 8 |
| 6 9 | 7 6 | 8 8 | 9 9 | 10 9 |

5A

1	2	=	5+3	(1+1)	1+2	2+3
2	3	=	2+3	(1+2)	(2+1)	2+4
3	4	=	1+2	(1+3)	3+2	2+3
4	5	=	1+3	(2+3)	(1+4)	3+3
5	6	=	(3+3)	5+1	(4+2)	2+5
6	7	=	2+3	(6+1)	(5+2)	5+3
7	8	=	5+2	(6+2)	(4+4)	2+5
8	9	=	(5+4)	(8+1)	(7+2)	5+3

4B

| 1 8 | 2 7 | 3 5 | 4 2 | 5 1 |
| 6 3 | 7 6 | 8 2 | 9 7 | 10 8 |

4A

| 1 | 10 | = | (1+9) | 2+7 | (11−1) | (12−2) |
| 2 | 10 | = | (2+8) | (4+6) | (13−3) | 14−3 |

164

3	10 =	(3+7)	(5+5)	(15−5)	19−1
4	10 =	(8+2)	2+3	(18−8)	16−4
5	10 =	3+3	(9+1)	17−5	16−5
6	10 =	4+4	10+1	15−2	(13−3)
7	10 =	7+2	(8+2)	4+4	2+5
8	10 =	5+4	5+6	(17−7)	12−5

3B

1 20 **2** 20 **3** 80 **4** 60 **5** 30
6 50 **7** 40 **8** 50 **9** 90 **10** 20

3A

1	20 =	5+13	(11+9)	(2+18)	(13+7)
2	20 =	12+3	(14+6)	(13+7)	15+4
3	30 =	(22+8)	14+16	(18+12)	23+6
4	30 =	14+26	(12+18)	(25+5)	(21+9)
5	40 =	(33+7)	(28+12)	11+19	34+16
6	50 =	(25+25)	16+24	(36+14)	17+28
7	80 =	(56+24)	18+68	37+23	42+28
8	90 =	54+45	36+57	(42+48)	(60+30)

2B

1 23	2 21	3 32	4 32	5 53
6 61	7 27	8 39	9 43	10 58

2A

1 21 = (17 + 4) (20 + 1) (35 − 14) 29 − 7
2 24 = 18 + 7 (15 + 9) (58 − 34) 32 − 6
3 35 = 31 + 3 28 + 6 (44 − 9) 55 − 10
4 36 = 17 + 9 (22 + 14) (43 − 7) 58 − 32
5 42 = (25 + 17) 12 + 20 51 − 8 64 − 12
6 47 = 33 + 12 (28 + 19) (53 − 6) (80 − 33)
7 53 = (35 + 18) 12 + 21 (61 − 8) (75 − 22)
8 68 = (29 + 39) 33 + 34 (74 − 6) (90 − 22)

1B

1 25	2 26	3 37	4 60	5 41
6 45	7 44	8 45	9 66	10 26

1A

1 4 = 20 − 16 + 1 (15 − 9 − 2) (30 − 28 + 2)
2 8 = (15 + 8 − 15) 9 + 6 − 5 (22 − 17 + 3)

3 10 = 21 − 12 + 9   25 − 20 + 5   36 − 28 + 2
4 20 = 27 + 9 − 16   15 − 8 + 13   50 − 20 − 10
5 30 = 24 + 5 + 1   18 + 22 − 10   52 − 38 + 6
6 31 = 25 + 6 − 3   40 − 8 − 1   22 + 11 − 2
7 36 = 20 − 4 + 10   40 + 5 − 9   24 + 13 − 1
8 42 = 32 + 12 − 2   25 − 3 + 20   36 − 9 + 15

남호영 지음

어릴 적부터 작가를 꿈꾸었으나 서울대학교 수학교육과에서 공부하여 수학교사가 되었습니다.
현재는 고등학교에서 수학교사로 아이들과 만나고 있습니다.
그런 한편으로 학생들에게 수학의 힘과 매력을 느끼게 하기 위해
10년 넘게 전국수학교사모임에서 수학 선생님들과 함께 고민을 나누고 있습니다.
지은 책으로는 〈우리가 사용하는 수〉, 〈다면체와 구〉, 〈파이-4천 년 역사의 흔적〉(공저),
〈영재 교육을 위한 창의력 수학 Ⅰ, Ⅱ〉(공저), 〈한 권으로 끝내는 수리논술〉(공저),
〈원의 비밀을 찾아라〉 등이 있습니다.

양민희(량군) 그림

여행과 그림 그리기를 좋아하는 말 느린 그림쟁이 량군 입니다.
프리랜서 일러스트레이터로 활동하며 책과 사람들을 만나고 있습니다.
량군의 그림을 필요로 하고, 어울리는 곳에서 즐겁게 작업하고 있습니다.
〈김연아의 7분 드라마〉, 〈넥서스 Enjoy 여행 시리즈〉 등의 단행본을 비롯해,
다수의 교과서와 학습서에 그림을 그렸습니다.

공부 기본기

초등수학 연산력 덧셈과 뺄셈 1

초판 1쇄 발행 2013년 6월 20일

지은이 남호영
그린이 양민희

펴낸이 이재성
기획편집 이희정
디자인 나는물고기
마케팅 이상준

펴낸곳 북아이콘
등록 제313-2012-88호
주소 150-038 서울시 영등포구 영등포동 8가 92 KnK디지털타워 1102호
전화 (02)309-9597　**팩스** (02)6008-6165
메일 bookicon99@naver.com

ⓒ남호영, 2013
ISBN 978-89-98160-01-2　63410

이 책은 저작권법에 의해 보호받는 저작물이므로 무단 전재 및 복제를 금합니다.
잘못 만들어진 책은 구입하신 서점에서 바꾸어 드립니다.